远离苏格拉底

陈建洪——著

浙江人民出版社

图书在版编目（CIP）数据

远离苏格拉底 / 陈建洪著. -- 杭州 ：浙江人民出版社，2025.4. -- ISBN 978-7-213-11756-5

Ⅰ. B502.231

中国国家版本馆CIP数据核字第202495S4T1号

远离苏格拉底

陈建洪　著

出版发行：浙江人民出版社（杭州市环城北路177号　邮编　310006）
　　　市场部电话：(0571)85061682　85176516
责任编辑：沈敏一　　　　　　　　营销编辑：张紫懿
责任校对：陈　春　　　　　　　　责任印务：程　琳
封面设计：甘信宇
电脑制版：杭州兴邦电子印务有限公司
印　　刷：杭州钱江彩色印务有限公司
开　　本：787毫米×1092毫米　1/32　　印　　张：5.625
字　　数：82千字
版　　次：2025年4月第1版　　　　　印　　次：2025年4月第1次印刷
书　　号：ISBN 978-7-213-11756-5
定　　价：45.00元

如发现印装质量问题,影响阅读,请与市场部联系调换。

前　言

　　这个文集所包含的文章，主要关注的问题是柏拉图文本（尤其是《斐多》和《会饮》）以及其中的苏格拉底形象。克尔凯郭尔说，就苏格拉底形象的描绘而言，大多数学者都同意，《会饮》和《斐多》具有"特别的意义"。[1]这些文章，总体上都是年轻时试图理解苏格拉底的尝试。当时，更多的是从施特劳斯（Leo Strauss）政治哲学的角度来理解苏格拉底。此次结集之时，又重新仔细阅读克尔凯郭尔论苏格拉底的少作，虽然角度与施特劳斯完全不同，也让我从另一个侧面看到了苏格拉底反讽的根本否定意义。在《论施特劳斯》（华东师范大学出版社，2015年）之中，我也曾尝试讨论过施特劳斯"否定哲学"的意义。在这一点上，克尔凯郭尔和施特劳斯也可以说有其共同之处。

初从文学迈入哲学门之时，我强烈感受到一阵概念的眩晕。文学胜于虚构、悲情和戏谑，哲学胜于概念、分析和体系。从文学看哲学，哲学也许过于严整和严肃；从哲学看文学，文学也许过于任意和戏谑。我们这个时代的哲学形象，部分过于严肃，部分过于戏谑；部分过于高冷，部分过于低能。理解哲学，从理解苏格拉底开始，也许是一条必经之路。在这个世界上，曾经有一些伟大的人物，他们从不写书，但是关于他们的书籍汗牛充栋、有增无减。比如，苏格拉底、耶稣、孔子，皆可谓不着一字尽得风流。他们的语言，虽然并不终于日常，但的确始于日常。它们从来就在对话之中，而不是单纯从术语到术语的论述。

苏格拉底一直在对话，一直在寻找对话者，他没有高冷的术语，也没有低能的重复。苏格拉底的语言从来不是形而上学的语言，而是雅典公民可以理解的日常语言。当然，不能说苏格拉底仅仅止步于日常语言。或者说，他从日常语言开始，以颠覆习俗定义结束。在这种颠覆中，苏格拉底奠定了他自己在世界历史中的转折性地位。

关于苏格拉底，克尔凯郭尔与施特劳斯之间的一个重大分歧是色诺芬。对克尔凯郭尔来说，苏格拉底属于那种"不能只看外表的人"[2]，但色诺芬止步于"苏格拉底的外在直接性"[3]。因此，色诺芬对苏格拉底的辩护，使得苏格拉底既"显得无辜"又"显得没有危险"。也就是说，色诺芬的辩护去除了"苏格拉底身上所有的危险之处"[4]。对施特劳斯来说，色诺芬并没有像克尔凯郭尔说得那么"功用"，也不缺乏"眼光"和"耳朵"。[5] 从哲学的政治学角度来说，表面并不纯粹是表面。表面并不必然意味着肤浅，在很多时候表面才是深层问题的显现之地。

这本文集的前四篇曾经分别发表于不同的期刊。具体而言，这四篇文章曾分别发表于《柏拉图的哲学戏剧》（《经典与解释》第二辑，上海三联书店，2003年）、《世界哲学》（2010年第6期）、《云南大学学报（社会科学版）》（2011年第2期）和《天津师范大学学报（社会科学版）》（2012年第5期）。这些旧作收入这个集子之时，文字段落与期刊发表之时并不完全一致。其中有些观点与想法，也曾以相对通俗的形式见于《开放时代》（2009年第2期）和徐戬主编的《古今之争与文明自觉：中国语境中的施特劳斯》（华东师范大学出版社，2010年）。最后一篇文字的主要内容最初是为刘国鹏兄主持的"知止"中外经典读书会而准备,讲稿内容见于刘国鹏主编的《从灵魂到城邦的正义之旅》(中国人民大学出版社,2023年),收入这个文集之时,做了一些修改、增删和调整,尤其是增加了关于好奇的那一节。在此,谨向主编和编辑、期刊和出版社一并表示感谢之情。

最后,要感谢沈敏一博士,他的提议促成了这本小书的结集出版,也让我重新阅读、修改旧文并思考结集文字的整体安排。结集之时,曾对前后结构考虑再三,最终做成现有的样子。文集首篇《克力同和苏格拉底》发表于20余年前。重读旧文,结集统稿之时,关于苏格拉底及其哲学精神本身的认识和理解,虽因阅读克尔凯郭尔论苏格拉底而有更多感受,却并没有因为岁月的更替而有根本的改变。

我希望,这本文集在语言上对读者来说相对友好。虽然读者也需要了解一部分柏拉图文本的内容,尤其是《斐多》和《会饮》。如果有一部分措辞显得稍有戏谑,请读者不要误解为是对哲学的不敬。那只是出于一种希望。这个希望就是,哲学可以不仅仅是行业的术语交流。哲学的起点是从日常语言出发且以日常语言对话,尽管其终点并不止于日常。

◆──────

[1] 克尔凯郭尔:《论反讽概念:以苏格拉底为主线》,汤晨溪译,北京:中国社会科学出版社,2005年,第94页。
[2] 克尔凯郭尔:《论反讽概念:以苏格拉底为主线》,第5页。
[3] 克尔凯郭尔:《论反讽概念:以苏格拉底为主线》,第7页。
[4] 克尔凯郭尔:《论反讽概念:以苏格拉底为主线》,第9页。
[5] 克尔凯郭尔:《论反讽概念:以苏格拉底为主线》,第11页。

目录

前　言　　　　　　　　　　　　　　　　001

一　克力同和苏格拉底　　　　　　　　　001

二　"你最好别和苏格拉底坐在一起！"　　046

三　阿波罗多洛斯的疯狂　　　　　　　　077

四　爱若斯和阿佛洛狄忒　　　　　　　　102

五　哲学是一种什么样的爱？　　　　　　126

后　记　　　　　　　　　　　　　　　　159

一

克力同和苏格拉底

苏格拉底的友朋弟子之中，克力同似乎以其财富殷实而非笃思明辨著称。苏格拉底在城邦法庭面前进行申辩的时候，曾两次提到克力同。当时，苏格拉底正面临其同胞指其不信〔城邦所尊敬的〕神和败坏青年的控诉。在辩称自己没有败坏青年的时候，苏格拉底指出，若干在场的人可以证明他并未败坏乐于与之交谈的青年。这些人都是那些青年的父兄或亲属。如果那些青年自己不愿意出面指证苏格拉底，那么他们的父兄亲属自然可以帮助他们指证。克力透布洛士[1]（Critobulus）正是这些青年之一，克力同则是克力透布洛士的父亲。克力同是苏格拉底所举人证的头一个。[2] 后来，苏格拉底在其申辩中再次提到这父子俩，指出他们愿意替他担保罚金。[3]在柏拉图的笔下，苏格拉底讲，克力同与苏格拉底"同年同区"。说这话的时候，苏格拉底年届七旬。

克力同其人

克力同虽然不属于青年一族，但是他可能和那些青年一样乐于与苏格拉底交谈，乐于听苏格拉底"盘问不智而自以为智的人"。[4]据色诺芬报道，和其他一些人包括《斐多》里苏格拉底的主要对话者西米阿斯（Simmias）和开贝斯（Cebes）一样，"克力同也是个听苏格拉底讲学的人"。他们听苏格拉底讲学的目的"不是为了作雄辩家或律师，而是为了作光荣可尊敬的好人，能够对他们的家庭、亲属、仆从、朋友以及他们的国家与同胞行事端正、无可指责"。色诺芬的报告显示，这些听苏格拉底讲学的人确实达到了他们的目的，因为色诺芬说"这些人中没有一个，无论是在青年时期或较老时期，做过坏事或受过人们的指责"[5]。

克力同虽然和那些青年一样乐于听苏格拉底讲学，但他毕竟有所不同。他和苏格拉底"同年同区"，想必两人在那些年的城邦生活中有一些相似的经历。但是，相似的生活历练未必说明两人有相同的生活态度。柏拉图有一篇对话以《克力同》为题，讲的是七十岁的克力同独自一个人到监狱里，劝说七十岁的苏格拉底为朋友为家庭考虑，抓住最后的机会逃离雅典，去外邦生活。但两个人最终谈不拢，克力同的劝说因此也无果而终。

这次对话的无果而终在一定程度上也说明了，为什么克力同在《斐多》里面如此沉默寡言。《斐多》讲述的是苏格拉底临死之前和朋友们的对话。那一天，苏格拉底的朋友们十分珍惜这最后一次交谈机会，尤其是西米阿斯和开贝斯。在这篇对话中，苏格拉底与朋友们的讨论围绕何为哲学（生活）展开。整个讨论的起点是苏格拉底关于哲学的说法：追求哲学无非就是学习死、学习处于死的状态（64a，81a）。这个说法令在场的朋友们大惑不解，于是紧追不舍。苏格拉底行将就死，朋友们深感难过。然而苏格拉底却偏偏在这个时候说，哲学无非就是求死。显然，苏格拉底不是在发牢骚或者开玩笑。最起码，在场的朋友们都以为苏格拉底这么说肯定有其道理，否则他们就不会缠着苏格拉底，要他解释论证他那乍听之下颇为可笑的说法。

看来，理解死对于追求哲学生活的人来说至关重要。无怪乎，有人言之凿凿，哲学家和其他人有不可缓和的差别，这个差别和死亡有关；并且断言，只有哲学生活才能够消化关于死亡的真理。[6] 在整个有关哲学和死亡的对话中，克力同完完全全沉默不语。看来，克力同确实不是太哲学。

在《克力同》中，克力同曾经试图说服苏格拉底，哲学家应该尊重多数人的意见，并且劝说苏格拉底像多数人一样，在关键时刻选择逃往他乡继续生活。克力同的劝说多从尊重多数人意见的角度着眼。在《斐多》中，苏格拉底在哲学对话的开始，便跟他的朋友们说，我们说我们的，别管他们〔多数人〕。克力同劝说苏格拉底的重点恰恰在于，哲学家对多数人的意见不能不管。所以，克力同在哲学对话中不发一语并非偶然。正是克力同对多数人意见的重视，他常常被认为是苏格拉底"忠实的"然而"非哲学的"朋友[7]，或者说只是"一个平常人，不是榜样，不是英雄，不是哲学家，不比他应该是的〔样子〕更好一些，也不比我们天天碰到的许多人差多少"。[8] 或者，有学者干脆把克力同看作一个只知道关心自己的典型（the embodiment of self-concern）[9]。克力同是一个平常人，但这并不表明，克力同这个人物是可以鄙夷的。毕竟，我们不能忽视，克力同还是苏格拉底同年同区的知交好友。

克力同不过是苏格拉底的非哲学朋友，一个平常人吗？即便如此，我们还可以问，非哲学朋友究竟是什么意思？苏格拉底说，我们〔追求哲学的人，或者说，哲人〕说我们的，别管他们〔多数人〕。这个"他们"应由平常人构成。如果克力同不过一个平常人，那么他是"他们"中的一个吗？若是如此，克力同究竟从苏格拉底身上学到了什么？做一个平常人的道理？学做一个平常人又何必一定要从学苏格拉底？根据色诺芬，克力同听苏格拉底讲学是为了要做一个"好人"。色诺芬所说做一个好人的意思，似乎也就是克力同所理解的做一个"公正的人"。一个"公正的人从来不损害什么人，因为他的一切行动都以有利于一切人为目的"。[10] 如此，我们可以说，克力同听苏格拉底讲学是想做一个"好人"，做一个"公正的人"。当然，苏格拉底也是一个平常人。但是，他是一个不太平常的平常人。许多人希望跟他对话，从而领会如何才算是一个"好人"或者"公正的人"。色诺芬认为，克力同从苏格拉底那里学到了他想学到的东西。所以，如果克力同是一个平常人，那么他应该从苏格拉底那里学到了一些不平常的道理，学到了关于平常的或者不平常的道理。在《斐多》里面，苏格拉底没和克力同说几句话。所说的话也似乎都是些和哲学无关的话。苏格拉底和克力同之间的非哲学对话，是否也和克力同之为平常人一样平常，不值一提？如果并非琐言碎语，这些非哲学话语对于整个对话来说又意味着什么？据刘小枫教授解释，《克力同》里的苏格拉底"没有与克力同谈哲学，而是谈如何做个好人，所谓好人，就是《斐多》中说的'有合群和奉公守法的美德'（82a9－82b1）"[11]。也就是说，好人便是像蜜蜂、蚂蚁那样合群而奉公守法的人。但是，苏格拉底也教导弟子们，只有哲学家的灵魂是自由的，知道什么是真实而神圣的（84a－b）。苏格拉底引领他的朋友们探讨到底什么是哲学生活，探讨怎么样的生活才是好生活。从《斐多》的哲学对话来看，只有寻死的哲学生活是真正好的生活方式，所以好的生活和对哲学的理解分不开。为什么苏格拉底不跟克力同谈哲学？难道怕哲学污染了克力同那如蚂蚁和蜜蜂般的生活美德？如果要做一只蚂蚁或者蜜蜂还要避免哲学的污染，苏格拉底为什么还要不断盘问合群生活的根基，这不是在瓦解蜜蜂蚂蚁们的生活方式吗？反过来看，如果哲学生活是更好的生活，为什么苏格拉底不跟克力同谈论哲学？难道克力同对哲学不得其门而入？刘小枫教授的解释说明了苏格拉底不跟克力同谈论哲学的原因。但还有一个反向问题要思考，为什么克力同也不跟苏格拉底谈论哲学？苏格拉底不是以擅长哲学谈论著称吗？克力同不是因此而从学于苏格拉底吗？如此，便需要看看苏格拉底和克力同的**对话**方式和**对话**主题。[12]

沉默的克力同

《斐多》首次提及克力同的时候并没有直接提及他的名字，而只是间接点出他的身份：克力透布洛士的父亲（59b）。[13] 可以说，克力同一开始是匿名的。克力同首次被提到的方式，似乎已经在暗示，克力同在这篇对话中将扮演一个间接但独特的角色。首次提到的克力同是匿名的，第二次提到的克力同则是无声的。这一次，克力同在对话中正式亮相。他的首次亮相和苏格拉底之妻尚佩佩（Xanthippe）的眼泪有关。斐多告诉我们，那天的讨论是一次哲学讨论（59a）。然而，未闻哲学宏论，却传来了尚佩佩的哭啼声。当朋友们进入牢房的时候，尚佩佩失声大哭。于是，苏格拉底要克力同派人带她回家。克力同虽然毫无声息，但苏格拉底的要求有效而平静地得到了实现。苏格拉底没有说明，克力同也没有问，为什么有必要送尚佩佩回家。从头到尾，克力同在这整个过程中都悄无声息。他以沉默的方式在场。虽已见其人，然未闻其声。他这次无声亮相的使命，似乎就在于送走一种声音，那就是尚佩佩的哭啼声。

尚佩佩离开之后，哲学对话开始了。看来，所有在场的朋友都很明白为什么尚佩佩需要被送回家。斐多对尚佩佩的哭哭啼啼有一个评论（60a），这个评论在一定程度上显示，苏格拉底的朋友们对他们自己控制情绪的能力相当自负，遇事哭哭啼啼是女人的作风。然而，哲学对话结束之后，苏格拉底服药赴死之际，他亲爱的朋友们却也忍不住生离死别之泪。此时，苏格拉底提醒他的朋友们坚强一点，不要像女人那样（117d-e）。同时，苏格拉底也回答了我们的疑问，为什么尚佩佩一开始要被送回家：哲学和眼泪无缘，或者说，哲学里没有眼泪的位置。整篇对话中，文本中有三处涉及眼泪。三种眼泪都是因为苏格拉底的死。第一处便是苏格拉底的妻子尚佩佩的眼泪，对此苏格拉底没有什么评论，只是要求克力同让人带她回家。第二处是牢狱监守的眼泪，对此苏格拉底表示赞赏；而且苏格拉底还是对着他的朋友们赞赏牢狱监守的教养和慷慨泪水（116d）。第三处涉及朋友们的眼泪，对此苏格拉底却说，他们在此时哭哭啼啼像女人，实在不应该（117d－e）。

整个哲学对话过程中，苏格拉底一直试图说服他的朋友们，面对来临的死亡，他就像赴死的天鹅那样幸福地歌唱，因为将奔向一个远比这个世界更为美好的世界。他的朋友们虽然折服于苏格拉底的哲学论证，也敬服苏格拉底坦然于生死的镇静，但他们并不见得完全理解苏格拉底的信念。苏格拉底企图证明，死亡对于追求哲学生活的人来说是一种求之不得的幸福。苏格拉底是一个追求哲学生活的人，因此正在来临的死亡恰是他一直所追求的幸福。无论如何，朋友们还是禁不住认为，苏格拉底的死是一个极大的"不幸"（84d, 116a）。

克力同按照苏格拉底的吩咐，出奇安静地派人送尚佩佩和她的泪眼回家。克力同对苏格拉底的吩咐没有任何异议，也没有像斐多那样，以为自己比女人离眼泪要远一点。相反，克力同似乎和尚偶佩的眼泪有某种亲缘性。也许，这正是苏格拉底为什么请求克力同而不是别人，派人将尚偶佩送回家的原因。当然，这也可能只是一个偶然而已，碰巧克力同家底殷实、门丁众多，在朋友临终前帮忙跑腿，义不容辞。可是，这个偶然其实未必完全偶然。苏格拉底和他的朋友们兴致勃勃地探究哲学的时候，克力同不但毫无声息，而且踪影全无。也许，克力同的确不折不扣是一个平常人，对哲学探究没有什么强烈的兴趣，至少没有西米阿斯和开贝斯那样的热情。苏格拉底强调，追求哲学的人不能像平常人或者大多数人那样想问题，他的朋友们同意并准备追随苏格拉底的说法。生离死别之时，难免悲伤流泪，此属常情。把尚偶佩和她的眼泪送回家，正是要让平常人或者大多数人的感受和想法走开，这时，哲学旅程才算开始。

但是，还有一个事实需要注意。之前几天，朋友们在天亮时就在监狱附近的法庭门口碰头，然后等监狱开门，就进去和苏格拉底待一整天。我们有理由假设，他们和苏格拉底一整天一整天地在监狱里，不是像尚偶佩那样悲伤流泪，而是在进行有意义的哲学对话。那一天，由于知道苏格拉底的末日来临，朋友们来得比平时更早，等候监狱开门（59d－e）。但是，显然尚偑佩来得比朋友们还要早。最起码，我们知道，朋友们进入监狱的时候，就看到尚偑佩陪伴在苏格拉底身边。尚偑佩比朋友们来得更早，是否暗示了常情常识比哲学探讨要来得早？或者说，常情常识要先于哲学知识。苏格拉底教导说，追求哲学要离弃常情常识，要离弃大多数人的想法。"离弃"恰恰说明哲学活动开始之前，常情常识已经在那里。先有大多数人的想法，才有"离弃"。否则，要离开什么，要抛弃什么，就无从说起了。哲学探讨要等尚偑佩离开之后才开始，尚偑佩并不是主动要离开的，而是苏格拉底要克力同派人送走她。克力同和尚偑佩的眼泪一道出场，然后在哲学对话中无声无息。这也提示了，克力同这个形象和常情常识深有联系。从这点来看，克力同确实是一个平常人。

克力同传话

朋友们来了，尚偑佩走了，对话于是开始了。但是，对话一开始并不是一本正经的，犹如现今的学术论坛一般。苏格拉底和他的朋友们寒暄，谈论快乐和痛苦，谈论伊索和诗，谈论他经常做的梦，最后还要开贝斯替他向哲学家伊万努斯（Evanus）说再见，并传话给他说，如果他真是个哲学家，应该赶紧随苏格拉底去死，越快越好（61c）。于是乎，朋友们就不明白了，为什么追求哲学的人要早点去死。苏格拉底说，对于有些人来说，死了要比活着好。他所说的有些人，就是那些追求或者准备追求哲学的人。苏格拉底和他的朋友们都属于这些人。苏格拉底已经准备好去死，他的朋友们显然还没有准备好，所以对于他的说法颇为吃惊。但是朋友们知道苏格拉底不会胡说八道，于是抓住这最后的机会要和他研究研究。他们质疑道，如果在这个世界上有神照顾我们和我们的一切，如果有一个很照顾我们的好主子，我们为什么还要迫不及待地离开这个世界（62d）？照理说，人都愿意和一个好的主子待在一起，舍不得离开。苏格拉底现在却偏偏要背道而行，确实让人难以明白。于是，苏格拉底便需要捍卫自己的信念，其雄辩甚至要胜过他在法庭上对自己的辩护。他先是跟朋友们倾吐了自己的信念：他相信，他就要去的那个世界里，有既好又智慧的神，还有死去的人们，他们胜过这个世界的神和人。有更好的人做伴，有更好的神眷顾，岂不妙哉？所以，要快快离开这个世界，到那个世界去（63b-c）。苏格拉底的这些话里，有一个细节值得注意。朋友们将这个世界的神比作好主子，苏格拉底除了相信那个世界的神是非常好的主子之外，还特别指出了那个世界的神不仅好，而且有智慧。苏格拉底难道在跟朋友们说，这个世界的神不够智慧？我们不得而知，朋友们也没有追问这个问题。据早期柏拉图注疏家言，苏格拉底要去见的神是"超凡神"，这些神高于"世内神"[14]。朋友们对苏格拉底的这个信念并没有感到奇怪，但十分关心苏格拉底如何论证自己的信念。

苏格拉底很乐意捍卫自己的说法，但他首先想听听克力同要说些什么。克力同已经在那里静候多时，像以前一样（43b）。实际上，克力同不是自己想说点什么，而是监药官有话要克力同对苏格拉底说：苏格拉底应该尽可能少说点话，否则身体发热，到时候影响药力发作，便可能因此要喝两遍甚至三遍药（63d-e）。苏格拉底看起来宁愿喝两三遍药，也不愿意和朋友们少说话。和朋友们说话是苏格拉底的天职。苏格拉底的反应完全在克力同的意料之中，他说他早就知道苏格拉底会这么说。既然他早就知道，又何必多此一举？他说，监药官已经在那儿烦了他好一阵子，要他来跟苏格拉底说。为什么监药官自己不直接跟苏格拉底说，而偏偏要克力同来传达警告？这个问题的答案不得而知。也许，这跟为什么苏格拉底要克力同派人送尚佩回家，也即为什么克力同和尚佩的眼泪一同出现然后一起消失，是同样的问题。据疏讲者言，苏格拉底、克力同、监药官代表三种由高到低的不同生活方式，最高级和最低级之间没有直接来往，因而要有克力同这个中介。[15]

按照苏格拉底的请求，克力同安安静静地派人送尚佩佩回家；这次，他同样平静地把监药官的话说给苏格拉底听。虽然明知苏格拉底不会在乎监药官的话，克力同还是按照监药官的意思做了。既然明知苏格拉底不会在乎监药官的话，克力同为什么还要白费口舌？看来，克力同愿意把监药官的说法说给苏格拉底听，尽管知道苏格拉底根本听不进去。监药官的想法其实也是大多数人的想法，克力同和平常人也许真的有缘。但是，克力同和苏格拉底同样有缘。克力同深知苏格拉底听不进去监药官的话，说明他也非常了解苏格拉底会说什么样的话。监药官的话和苏格拉底的话,克力同都了解,都能听得进去。克力同对两种话语听得同样清楚,沟通着两种话语。如果监药官直接来劝苏格拉底少说话从而少受些罪,不知道苏格拉底会如何回答。如果苏格拉底以回答克力同的话来回答,监药官或许会有好心被当成驴肝肺的感觉。毕竟,柏拉图没有把苏格拉底的话和监药官的话安排成对话。

监药官的警告很可能出于一片好心,以免临死的苏格拉底多受煎熬。也许,监药官认为克力同作为苏格拉底的朋友,应该尽可能地让他死的时候少受些罪。但是,监药官以为的煎熬,在苏格拉底看来恰是一种解脱。人皆为饮鸩而愁,苏格拉底却要"为其能够解脱灵魂而欢迎鸩药",因为对他来说,"pharmakon不单纯为鸩,而更是一剂药(如《理想国》382c10),是解脱和得救的途径"[16]。在《理想国》中,苏格拉底把"语言上的谎言"(有别于真的谎言)比作一种有用的药物(pharmakon)(382c10)。这谎言骗敌人时有用,为达到防止作恶和训导的目的对朋友也有用。在《莱西斯》里,苏格拉底也有关于药物的谈论。那里,苏格拉底举了一个例子:一个爱子心切的父亲,知道儿子饮鸩酒可以救命，也会因此珍爱那酒。[17]鸩酒是好的，因为它可以作为药物治病救人，因为有病是不好的。如果没有疾病的话，也就不需要药物了。[18]苏格拉底死前关于灵魂不死和另一个世界的论证，是否也是一种语言上的谎言，是否也是一杯鸩酒？

《斐多》主要描述的是苏格拉底和朋友们的对话，苏格拉底企图说服朋友们哲学无非寻死，死后世界远比这个世界美妙，而且有更好更智慧的神和人引导陪伴。鸩药可以致人死，从而让人进入更为美妙的另一个世界。如此，死亡对于洁净的灵魂来说即一剂良药，有助于早日摆脱肉体的羁绊。深知苏格拉底这些说辞的克力同，为什么不如法炮制，说给监药官听？如果克力同跟监药官说，就算跟苏格拉底说了也是白说，也许监药官会以为克力同对朋友不够地道。这也是克力同曾经劝苏格拉底为朋友名誉计而保全性命的一个理由。[19]如果监药官也可以被看作是大多数人之一，那么理由很可能就是《克力同》里的克力同所说的那样：对于苏格拉底的这些说法，大多数人"听不进去"。[20]苏格拉底比克力同还清楚，要让大多数人听进去他说的话，很难。[21]克力同乐意把"大众的意见"带给苏格拉底，可能希望他不要轻忽大众的力量，但是苏格拉底强调不要多虑"大众的意见"，因为"最富理性的人的意见更值得考虑"。[22]

克力同虽然深知说了也是白说，但还是把监药官的话传给了苏格拉底。为什么？看来，克力同还不想放弃在一两天前曾经作过的努力，也就是试图说服苏格拉底，大多数人的观点必须要看重。[23]苏格拉底对克力同的回答表明，要说服苏格拉底对大多数人的意见进行妥协，与苏格拉底说服大多数人一样不容易，甚至更难。告诉克力同别理会监药官的话之后，苏格拉底跟他的朋友们说，我们说我们的，别管他们（64c）。这个"他们"，指的就是大多数人。看来，关于大多数人的意见是否要理会，克力同和苏格拉底之间有明显分歧。苏格拉底让克力同别理会监药官，哲学对话就要正式开始了。自此之后，克力同再度"消失"，无声无息，一直到哲学论证部分结束。

克力同和苏格拉底

苏格拉底和朋友们阔论灵魂的时候，克力同销声匿迹了。苏格拉底和朋友们谈天说地完了之后，提到了"女人"和"躯体"。恰在此时，克力同突然又开腔了。这时，苏格拉底既没有要求他做什么，也没有问他想说什么。这是整部对话中克力同第一次主动开口同苏格拉底说话。看来，克力同确实对灵魂很麻木，而对躯体很敏感。克力同问苏格拉底，他对他们有什么嘱咐，关于他的孩子或者其他什么事情。这个问题让人联想到，《克力同》里的克力同曾经以孩子的教育为理由劝苏格拉底不要选择死亡。克力同说，人既然生子，就要教他养他，而不是弃他不顾。克力同指责苏格拉底执意要死，是选择"最偷懒的道路"而不是"君子和大丈夫的道路"。[24] 但是，苏格拉底回绝克力同说，克力同的理由不是根据理智的意见，不是根据正当的原则。同样，苏格拉底在这里还是把克力同这个不够哲学的问题抛在一边，强调说没别的嘱咐，只是要重视以前和现在他一直跟他们说的话，也就是要"照管好你们自己"（115b）。所谓照管好你们自己，也就是要追求哲学的生活，照管好你们自己的灵魂。

克力同似乎对苏格拉底的话很麻木，不依不饶接着问如何埋葬他。看来克力同相当重视躯体，对苏格拉底和朋友们高谈阔论的灵魂问题绝口不提。和大多数人的意见一样，对克力同来说躯体是不得不理会。苏格拉底要他们照管好自己的灵魂，克力同偏偏问该怎么埋葬他的躯壳。可以想见，苏格拉底对克力同的问题也很麻木，想怎么葬就怎么葬吧，反正不过一具躯壳而已。他还对朋友们发了一通议论，埋怨克力同不可救药。在《克力同》里，克力同说服不了苏格拉底。看来，苏格拉底也并不能说服克力同。苏格拉底自己也承认，他对克力同所说的好像"全是空话"（115c–d）。克力同对苏格拉底的话置若罔闻，但这并不一定表示克力同就是大俗人一个，不懂苏格拉底的哲学生活态度。克力同显然相当熟悉苏格拉底的想法，否则他也不会预料到，向苏格拉底传达监药官的话，说了也是白说。苏格拉底看来也深知克力同的用意，所以并没有责备他冥顽不灵，而是笑了起来。克力同纠缠躯体的问题对苏格拉底来说，就好像阿里斯托芬不停打嗝和打喷嚏那样，是在制造搞笑的噪音。[25]据分析，在《克力同》里，苏格拉底跟克力同说话的时候一直避免使用"灵魂"这个词。[26]在《斐多》里，苏格拉底一遍一遍地说灵魂的事情，克力同偏偏要一遍一遍地提躯体的事情。克力同似乎有意要跟苏格拉底悄悄地唱反调。他们各说各话，"苏格拉底信服的话（logos），克力同不会信服，反之亦然"[27]。克力同是苏格拉底的朋友，却不是苏格拉底哲学说辞的信徒。苏格拉底也不得不承认，他没办法令克力同相信，他死了之后除了尸体之外还有什么灵魂（115c－d）。

苏格拉底准备好了去死，他要求克力同让人把鸩酒拿进来。克力同还是冥顽不灵，继续跟苏格拉底说，人死之前可以吃喝玩乐享受一番，合情合理。苏格拉底听了之后，照样强调，大多数人以为合情合理的事情，自己不以为然（116e）。苏格拉底强调，对多数人来说合情合理的事情，对哲学家来说未必如此。两种情理各有各的道理，骨子里没有相互通融的余地。克力同和苏格拉底都明白两种情理不可通融。他们也同意，多数人可能会杀掉一小撮不以他们的好恶为然的人，苏格拉底就是这样一个例子。[28]但是，克力同似乎不大赞成苏格拉底的表里如一。骨子里是什么样，就表现得怎么样。哲学家是否必须在乎大多数人的意见，克力同和苏格拉底有不同的想法。克力同认为，苏格拉底的死在一定程度上是他自找的。苏格拉底如果不是这么毫不在意大多数人的意见，他的案子结局可能会不一样。[29]即使事情已经无法挽回，克力同仍然没有放弃说服苏格拉底的努力。通过带话和问问题，克力同几次三番暗中劝说苏格拉底，要在意多数人的想法。苏格拉底则拒绝步入克力同的圈套。苏格拉底反正要死了，克力同还这么冥顽不灵干什么？苏格拉底要死了，但灵魂难散。克力同的暗中劝说，可能并非全然是无谓之举。

仰头服下药后，凉气便从苏格拉底的脚底心开始往上走。凉气走到肚子的时候，苏格拉底跟克力同说了一句没头没脑的话：我们欠阿斯克勒匹俄斯（Asclepius）一只公鸡，把这笔债给还了，别疏忽。这是苏格拉底临终前所说的最后一句话。为什么苏格拉底要献一只公鸡给医药神阿斯克勒匹俄斯？据一种传统解释，这是因为"灵魂在脱离苦海的时刻需要医药神的照顾"[30]。在另一种传统解释看来，除上述原因之外，苏格拉底想以此表示对"大众神灵"和"通常意义上的正义"的敬意。[31]苏格拉底的临终遗言看来充满歧义。难道苏格拉底在死前一秒钟突然改变了主意，不坚持他尊重理性的原则，尊重起大众神灵来了？如果这样的话，苏格拉底在两天前就可能听克力同的话，逃到外邦讨生活去了，甚至早在法庭上申辩的时候就软化腔调求免一死了。整篇对话中，苏格拉底极力将哲学教诲与多数人的意见区别开来，立场坚定地强调灵魂和躯体的根本对立。苏格拉底一遍又一遍地强调，我们说我们的〔灵魂修炼〕，别管他们的〔躯体享乐〕。如果苏格拉底一直在强调灵魂和肉体相互交恶，难道会死前幡然悔悟，要给灵魂和躯体灌爱药？据说，阿斯克勒匹俄斯懂得给"相互交恶的东西灌爱药"，也就是说，医术受爱神引导。[32] 难道苏格拉底临死前被克力同说服了？这种可能性不是很大。后一种解释也许更能说明对话作者柏拉图的意图。但是，柏拉图的意思很明显吗？也很难说。这或许是他故意留下来的暧昧之处。如何解释这个尾巴？仁者见仁，看到苏格拉底对大众神灵的敬意；智者见智，看到苏格拉底的灵魂超脱苦海。也许，这正是柏拉图的"油滑"之处，就像鲁迅的胡子一样，修成一个隶书的"一"字，不上不下，亦上亦下，让国粹派和改革派都无刺可挑。

在《斐多》里，苏格拉底的第一句话是对克力同说的，他的最后一句话也是对克力同说的。苏格拉底很清楚，克力同非常了解他的立场，可能比他的哲学对话者了解得更加透彻。其他朋友大多是苏格拉底的追随者，他们甚至把他比作"父亲"(116a)。当"我们"异常悲伤,犹如丧父的孤儿之时,克力同正好跟苏格拉底走开了。看来,克力同是个例外,不是"我们"中的一员。朋友们将苏格拉底视为"父亲",自然不是血缘而是精神意义上的父亲。克力同和苏格拉底"同年同区",大抵不会认师为"父"。克力同和苏格拉底一样,认为真正意义上的哲学家处境危险。大众可能会杀掉哲学家。[33] 我们不知道,克力同是否同样认为,苏格拉底的哲学极端性对于社会稳定来说也是个危险。苏格拉底自认是神赐给雅典的礼物,是激励人们从浑浑噩噩中醒悟过来的牛虻。[34] 克力同很可能会同意这一点,否则他就不会是苏格拉底的好朋友了。但是,苏格拉底信服的道理(logos),克力同不见得全觉得有理。

显然,克力同的在场方式在这篇对话里颇为独特。克力同的在场是对苏格拉底哲学极端性的一种平衡和降温。一方面,因为克力同的在场,苏格拉底的哲学极端性得到突出;另一方面,整篇作品也因克力同在场而显温顺冲和之象。苏格拉底的第一句话和最后一句话都是对克力同说的;也正是克力同而不是其他朋友,为死去的苏格拉底闭上嘴巴和眼睛。克力同没能够说服活着的苏格拉底,少说些多数人不爱听的话，但他可以为死去的苏格拉底闭上嘴巴。苏格拉底告诉雅典人民，他不会闭上嘴巴，因为那"违背神的意旨"。[35] 苏格拉底也知道雅典人民不相信他这一套，因为这摆明了苏格拉底自以为比雅典人民更懂得神的意旨。雅典城决定让苏格拉底彻底闭上嘴巴，免得亵渎神灵、败坏青年。这是出于安邦定国之念；克力同合上苏格拉底的嘴巴和眼睛，则是出于对苏格拉底这个人或者这类人的友爱。苏格拉底死后，克力同替他合上嘴巴和眼睛。这究竟是不是历史事实？也许没有多少人关心，也不那么重要。重要的是，柏拉图"安排"克力同这么做了。据斐多说，柏拉图那天并不在场，但他是所有对话角色的"父亲"。从历史角度来看，苏格拉底是柏拉图的老师。从文学角度来看，苏格拉底只是柏拉图笔下的一个角色，即便是最为重要的一个角色。在柏拉图对话作品中，苏格拉底这个角色被用来诠释哲学生活方式。苏格拉底的临终遗言，与其说是苏格拉底说的，不如说是柏拉图写的。苏格拉底死后，柏拉图变得"油滑"起来了。

向死而生

《斐多》这篇对话中的五大论证皆围绕灵魂不死,论证〔哲学修炼者的〕灵魂死后要到另外一个美好的世界去。最后一个论证,就是所谓的相论论证。针对苏格拉底的说法,开贝斯从一开始就从众人的角度问,是否灵魂像一口气一缕烟,在人死后就随风而散(70a)。西米阿斯确认,开贝斯所提出来的是大众的或者流俗的担忧(77b)。这种担忧说白了便是对死的害怕。开贝斯请求苏格拉底论辩,如何才可以摆脱这种流俗的害怕,从而"不再怕死"(77e)。人们怕死,是因为认为死就是一切的终结,并没有灵魂还会活在别的什么世界里。苏格拉底开出的药方是说服朋友们,死只是灵魂的解脱;要想灵魂在离开肉体之后有一个更好的归宿,便应该努力修炼自己的灵魂,做一个好人和智慧的人。当灵魂离开这个世界的时候,除了教养不带走任何东西(107d)。苏格拉底为"怕死"开出的药方是要把死理解为灵魂的解脱,而洁净的灵魂会到一个更好的世界去。苏格拉底的药方显然着重于个人心性方面的修炼和洁净。

但是，灵魂真的不死吗？真的有更好的世界吗？苏格拉底也没有百分百的把握，但是他强调这些信念是难能可贵的冒险。对于尼采来说，苏格拉底的说法显然是一个不折不扣的谎言。尼采不仅重新提出了开贝斯和西米阿斯的问题，而且直接驳斥柏拉图笔下的苏格拉底：苏格拉底所教导的存在本身"只不过一缕烟气和一个错误"。无论是柏拉图主义的存在本身还是基督教的超感性的上帝，尼采皆攻击为"最空虚的概念"或者"虚无"（das Nichts）。[36] 因此，尼采召唤感性的查拉图斯特拉，查拉图斯特拉是从东方来的无神论者，是"敌基督"，因此也是"反虚无主义者"。[37]

存在本身真的不过是一缕烟气，随风而散吗？朋友们请求苏格拉底反驳这种说法，尼采则以此反驳柏拉图主义和基督教。苏格拉底教导朋友们，耶稣基督则教导百姓，期盼灵魂得救和更美妙的死后世界。柏拉图笔下的苏格拉底所发明的超感性存在本身和理念世界，遭到尼采的猛烈攻击："迄今为止的一切错误中的最糟糕的、最长期的和最危险的错误就是独断者的错误，即柏拉图对纯粹的精神和自在的善的发明。"基督教则是"为'民众'的柏拉图主义"。[38] 尼采是否误解了柏拉图和耶稣基督的教诲？贯穿西方历史的根本概念，可以说只不过一缕烟气吗？尼采格言式的写作方式太轻浮了吗？也许没有几个人像海德格尔那样执着地追问和质疑尼采的说法。在作于敏感时期的《形而上学导论》里，海德格尔不断追问尼采的话，是否存在本身就像一缕烟，是一个错误。海德格尔反驳尼采，并非因为尼采错了，倒反而是因为在他看来尼采对柏拉图主义和基督教的攻击是对的。基督教的上帝超凡脱俗，是一个至高存在者，故此海氏赞同尼采，认为基督教是给民众的柏拉图主义。[39]但恰恰因为尼采的攻击对了，所以在海德格尔看来是错了，因为尼采对存在的理解仍然在延续柏拉图的传统，也即将存在把握为在者。海德格尔视柏拉图的idea为对physis的误解，就此生发了西方的历史命运，开启了本体神学逻辑的机制。在海德格尔看来，柏拉图的这个误解肇始了存在之遗忘。所谓存在之遗忘，根本乃是无之遗忘。存在自柏拉图的相论之后，大抵就因此从在者的角度被论及。在者在，无则不在。于是，无被严肃的思遗忘了，存在也就因此遭受遗忘的命运。因此，《形而上学导论》的开篇语，便是问一个传统的问题：为什么在者在，无却不在？

为什么在者在，无却不在？这不是询问这个或那个在者，而是询问在者整体和在者本身。但是，在者整体和在者本身又从哪里现身？根据海德格尔，正是无将此在带到在者本身面前。[40]然而，无又可以在哪里碰得到？畏。畏不是怕，怕是有所怕，怕这个东西，怕那个东西；畏则是无所畏。无所畏并非无所谓，而是畏无，也即觉悟到了无。[41]畏无不同于对无的普通看法。通常，谈论无要么被看作是和逻辑相矛盾的，要么谁思想无就意味着没有思想任何东西。无恰恰因此逃遁了，被遗忘了。海德格尔所说在之遗忘，关键便在于无之遗忘。由于无之遗忘，因而在总被把握为在者。为什么在者在，无却不在？海德格尔纠缠于这个形而上学问题，目的是要显现无的意义。彰显无的意义，便点出了形而上学的关键问题在哪里。在的问题恰恰通过领悟无而得以明白，否则在总被当作在者来把握。看《形而上学导论》第四章目录，也能隐约觉察无和在的亲密性。这一章着重分析历史上的一些确定的提法，"在与形成"、"在与表象"、"在与思"和"在与应当"。分析这些"在与……"结构时，海德格尔也在解构这些说法的传统释读。为什么在者在，无却不在？海德格尔不断重复这个问题，但是他似乎有意避免"在与无"这个提法。也许，在他看来，在与无之间不能多出一个"与"来。

怕是有所怕，畏为无所畏："怕的事由是周围世界中烦忙所及的存在者。畏则相反发源于此在自身。怕从世内事物袭来。畏从被抛向死存在这一在世升起。"[42]无所畏不是无所谓，无所畏也就是畏无："畏是对无的畏，无绽露出在此在的根据处规定此在的不之状态，而这根据本身则作为被抛入死的状态而存在。"[43]由此看来，畏无和死密切相关。畏所畏是畏无，对无的畏也即"在死亡之前畏"，或者说"向死亡存在本质上就是畏"。[44]

于是，我们又碰到了苏格拉底最后一天和朋友们谈论的问题，也就是死的问题。苏格拉底跟朋友们说，死就是灵魂和肉体的分离，因此死就意味着灵魂的解脱。洁净的灵魂可以到一个更好的世界去。所以，死就是告别一个旧世界，投奔一个新世界。古语有言，生死两重天，生前死后的世界不同。因此，死意味着灵魂所在空间的转换。苏格拉底之死和耶稣之死，显然死法大不相同。但两者有一点相同，死意味着一种空间转换，从这个世界投奔一个更好的世界。尼采的攻击并非全无道理。尼采还点出，现代启蒙运动是一场反对柏拉图从而反对基督教的斗争。[45]现代启蒙运动嘲笑有另一个世界的想法。启蒙运动攻击传统观念，主要不是通过证明另一个世界的不存在，而是通过嘲讽这一想法的可笑。[46]也许，证明另一个世界不存在和证明另一个世界存在同样有困难，如果不是更难的话。但是，嘲笑毕竟非长久之计。如果有什么办法令人不再对另一个世界抱有希望，那么也就不用再另花心思去做理论否证了。有什么办法比建立一个人间天堂更好呢？对死后世界的期盼，大抵和现世生活的重负和不幸有关。如果能够生活在一个幸福、和平和平等的世界里，还向往什么死后世界呢？

舍死求生

要建立一个幸福和平的世界，首先要确保人们的生命安全不受威胁。因而，首先应尽可能杜绝暴死，即因外力所致的死亡。为达到这个目标，便要克服自然状态下"一切人反对一切人"的无秩序，于是有理性的人自愿相互订立契约，交出部分权利给一个主权代表者。这是霍布斯为现代国家观念奠定的一个基础。霍布斯称这个主权代表者为利维坦，为"有死的上帝"（Mortall God），以别于基督教信仰里"不死的上帝"（the Immortal God）。[47]这个"有死的上帝"可以保护子民免遭暴力死亡之灾，让死亡的威胁远离生活。[48]霍布斯明确把《利维坦》的工作比拟为柏拉图《理想国》的工作，但他相信《利维坦》不像《理想国》那样"没有用处"。[49]理想国的"没有用处"似乎是一个现代共识，从"乌托邦"这个词便可看出一些端倪。柏拉图的理想国是一个理念世界，是苏格拉底和他的对话者构筑的世界。数学是进入柏拉图学园的门槛学科，而《利维坦》的读者们"所需要学的数学不像柏拉图所说的那样多"。另外，霍布斯指出，他所设计的共和国是以承认和授权的方式"统一在一个人格之中的群众（the Multitude）"。[50]可见，柏拉图的理想国是少数洁净灵魂的去处，霍布斯的现实国则为群众在世躯体的庇护所。对霍布斯来讲，唯一实在的是躯体，灵魂一类的东西纯属虚妄。但霍布斯也没有证明只有躯体（物质）是真实的，他相信如此而已。[51]因此，首先可怕的不是死后磨难，而是现世生活中人加于人的恶业，而最大的恶业便是暴死。死为万恶之首。霍布斯的这个想法并不新鲜。克力同实际上向苏格拉底表示过这个意思，[52]但是苏格拉底拒绝了克力同想问题的角度。在《斐多》里，苏格拉底还以自己的死阐明，死对于哲学灵魂来说非但不是坏事儿，反倒是一件好事儿，这和《苏格拉底的申辩》中苏格拉底所说的最后一句话是一贯的："我去死，你们去活，谁的去路好，唯有神知道。"从《理想国》到《利维坦》的转变，可以说是苏格拉底角度到克力同角度的转变：死是否为万恶之首。柏拉图对话里，克力同愿意作苏格拉底的配角。《利维坦》则让苏格拉底角度退出舞台，克力同角度被推到前台，因为利维坦是为大众的共和国。所以，目光集中于如何确保或者在最大程度上确保大多数人在世躯体的幸福平安，免受死亡的威胁。这就将注意力拉回到在世躯体的平安，而不是死后灵魂的幸福。霍布斯也许明白，要证明灵魂不真实非常困难，所以直接宣讲躯体的真实性。现代哲学用力最勤的是探究如何确保在世躯体最大程度上的平安、自由、幸福。因此，死的形而上意义因此渐行渐远。通过科学教育，人们得知，死了就是到头了，而不是换一个空间，还可以到另外一个世界去。人都是要死的，如果死时寿终正寝，一生平安，便是莫大幸福。利维坦取代了理想国，人生在世的平安取代了死后灵魂的期盼。最大程度上保证子民人生在世的平安，免受（外力）死亡威胁，至今仍然是现代国家观念的重要基石。否认了死后灵魂的存在，也就否认了柏拉图笔下的苏格拉底所教诲的东西。

从这点来看，尼采的观察也许没错，现代启蒙是一场反对柏拉图（和基督教）的斗争。存在本身、理念世界、死后灵魂、超感性上帝，所有这些就像一缕烟气从现代世界的设计中消散了。新哲学"谋杀旧的灵魂概念"，也就是说，"谋杀基督教学说的基本前提"。[53] 尼采的快乐文字痛快地把现代观念推进到底：没错，存在本身和上帝不过一缕烟气。但是，尼采留下一个问题：如果上帝死了，现代道德落脚何处？上帝死了，道德也难逃一死。因此，尼采公开地将现代启蒙推进到底，把失去根基的现代道德也给结果了。现代启蒙设法确立人生在世的平安，尼采公开宣传人生在世的快乐。

海德格尔重新让哲学严肃面对死的问题，此在乃向死而在："人在死面前无路可走，并不是当出现了丧命这回事时才无路可走，而乃经常并从根本上是无路可走的。只消人在，人就处于死之无路可走中。"[54] 存在本身确实像尼采宣传的那样不过一缕烟气吗？在海德格尔看来，尼采有此说法，因为他还停留在柏拉图的本体论视域之中，把存在本身理解为这个世界之外的超级在者。然而，存在就在形成，就在表象，就在思，就应然而在。存在不可把握为在者，存在于在者中显现，但以无或者不的方式显现。"在之不"于何处被领悟到？历史的人之此在。历史此在"安心当粉碎机，在之超强力冲到这粉碎机中来现象，从而此粉碎机本身也在在身上粉碎。"[55]此在之被抛而在，正是在之强力冲到历史此在中来显现。在不是这个在者或那个在者，也不是世界之外的超级在者。可以说，在不在。然而，在恰恰因不在而在。在之不在，是为在之无。正是这个在之无冲到历史此在中来显现，来掀起波澜。此在历史也即在之强力冲到历史此在中来显现的历史。但无之波澜并非随处可见。只有畏死的历史此在才立于在之强力的风口浪尖。畏死并不是怕死。畏死是向死而在，是领悟到冲到历史此在中的在之强力。这也就是领悟到在之不在，在之无。如果说哲学询问在之问题，那么它便在询问在之无，询问死。

如此看来，在之问题仍然和死有关。有人将在等同在者，有人将在视作虚无缥缈的烟气，哲学家如海德格尔者则询问在之无，询问死。这岂不是说明苏格拉底没错，哲学家就是寻死？这是引来西米阿斯笑声的说法，但海德格尔也跟苏格拉底一样，并不以此为可笑，因为哲学只是"极个别人的直接事务"。[56] 但是，海德格尔在一个根本点上和柏拉图笔下的苏格拉底不同。通过解构传统本体论，海德格尔把苏格拉底构造的死后世界此在化了，把超验空间时间化了。死不再是灵魂的解脱，而是历史此在的本真领悟。没领悟到死，便还在浑浑噩噩之中。觉悟到死，觉悟到无，觉悟到"在之不"，觉悟到在之强力冲击，便要有所决断，不再随波逐流浑浑噩噩下去。苏格拉底觉悟到死的意义，平静地奔赴另一个更好的世界去了。海德格尔觉悟到死的意义，安心当在之强力来显现的粉碎机，同时也被这强力粉碎。

在现代世界设计中，死已经死了，如何确保生之平安才重要。海德格尔重新把死从死里复活，复活是对死本身的一种克服。死再度复活，空间转换意义上的死也就丧失了重要性。复活了的死乃是时间绵延意义上的死。死不是对生的克服，而是生的意义。生死不再是两重天，而根本就是如影随行。海德格尔解构本体神学逻辑，关键针对柏拉图对话中的理念，因此也针对灵魂和死后世界。

结　语

《斐多》里的苏格拉底相信并不断论证的，正是海德格尔要解构的。问题是，苏格拉底讲的到底是实话还是谎话？这个关键问题，也是最麻烦的问题。人之将死，其言也善。苏格拉底不大可能仅出于欺骗的目的而欺骗。经过五次论证尝试之后，苏格拉底还形容了死后世界的光景。苏格拉底承认，他对灵魂和死后世界的形容不见得完全真切，但是他以为，相信这些信念是非常可贵的冒险（114d）。苏格拉底关于灵魂和死后世界所说的话，到底是真的还是假的？苏格拉底真的相信他跟朋友们所形容的情况吗？另外，要是苏格拉底真的相信灵魂不死和死后世界，那么对话的作者柏拉图也相信吗？这些问题无从考证。我们知道的是，柏拉图的苏格拉底说，他相信。假设柏拉图也相信这一点，那么尼采对柏拉图主义和基督教的凶猛攻击便可能不是空穴来风。但是，苏格拉底是否把自己的死和死前所说的话也当作一种有用的药,以引导朋友们避恶趋善?如果苏格拉底的话确实是一剂抑恶扬善的药,那么它是否是苏格拉底所说的"语言上的谎"?但是,毕竟柏拉图的苏格拉底说过,语言上的谎也是一剂药,尽管有毒。苏格拉底的朋友们不是把他比作一个父亲吗?苏格拉底不是说,父亲知道宝贝儿子喝下鸩酒可以救命,也会因此珍爱那酒吗?苏格拉底喝下鸩酒,死了。他是否也把自己的死作为一杯鸩酒留给了后人?

鸩酒是毒酒,也可以是药酒。启蒙哲学家、尼采、马克思、海德格尔都看到这长年发酵的鸩酒有毒,而且前三者认定这是统治者用以麻木人民心灵的谎言,决定把这鸩酒给倒了,以免生灵中毒。在海德格尔那里,酒虽有毒,但不能倒,消毒后可医积年旧疾。但是,消毒之后,毒性没了,药性可能因此也没了,就无所谓疗效了。不过,如果认为生命本身就不是病,也就自然不需要死这帖毒药来医了。这有毒的药酒已经流传经年,关键问题在于,它究竟是不是一杯必要的鸩酒?

克力同对苏格拉底的临终教诲不置可否,对话作者柏拉图则根本就不出现。这又是什么意思?据对话叙述人斐多报道，那天柏拉图因身体不适而没有去（59b）。在《苏格拉底的申辩》里面，苏格拉底提到四个在场的人愿意替他担保罚金，柏拉图是四个里面的头一个。这说明柏拉图和苏格拉底的关系非常密切，至少不差于克力同和苏格拉底的关系。据刘小枫教授分析，克力同父子在苏格拉底临终前还守在他身边，柏拉图可能"有意让这父子俩作证，苏格拉底的心灵教育只会把人教好，而不是教坏"。[57] 但是，还有一个关键细节需要解释。为什么对话作者柏拉图让对话报道人斐多说，柏拉图那天有病没来？苏格拉底提到的四个人，在他临终之日来了三个，唯独缺了柏拉图。为什么柏拉图没有出现？柏拉图在苏格拉底临死前事实上究竟在不在场并不十分紧要。在这里，更重要的是为什么柏拉图要在这篇对话中特别让叙述者说明他因病没来。如此看来，这很可能事关文学手法，而不是历史事实。按常理，若只是通常的小毛病，柏拉图无论如何也应该来告别一下。就算有什么要紧的病，也可以让人抬着来。假设柏拉图那天并没有什么大病，他却让叙述者说自己不在场，那么就值得探究，柏拉图为什么要做这样的情节安排。假如柏拉图装病，难道他也跟多数人一样，不爱听苏格拉底讲的那一套？

克力同对苏格拉底的哲学谈话一言不发，只在旁边听着，接不接受苏格拉底的说法谁也不知道。朋友们积极和苏格拉底说话是一种对话。克力同旁敲侧击，也是一种对话。柏拉图的缺席不也是一种对话吗？或者，缺席的柏拉图根本就不是身体有恙，而是胸中有疾？难道他拒绝苏格拉底端出来的药酒吗？苏格拉底不过是柏拉图笔下的人物，说到底，还是柏拉图安排苏格拉底端出了这鸩酒来。柏拉图让苏格拉底端出酒来，却让自己远离这酒。难道是要暗示，苏格拉底的死酒不过是"语言上的谎"？既然安排苏格拉底费这么大心思营造这"语言上的谎"，显然柏拉图觉得有其必要性。柏拉图让苏格拉底端出这鸩酒，以致海德格尔认为柏拉图也中了苏格拉底的毒。

在《会饮》里边，喝醉了的阿尔基比亚德说他明白苏格拉底是怎么样一个人之后，见到苏格拉底就跑，以免不由自主被他勾去了灵魂，或者说，以免"被哲学的言语咬伤"。[58]《斐多》里的柏拉图比《会饮》里的阿尔基比亚德更决绝，连苏格拉底的面都不见，也就无须从他面前逃跑了。启蒙运动者及其后裔，直接拆穿苏格拉底的谎言。海德格尔则要过滤苏格拉底鸩酒的毒性来医治积年顽疾。对话作者柏拉图本人，却苦心孤诣似乎要暗示，苏格拉底哲学谈话的药性和毒性形影相随。

苏格拉底说："分手的时候到了，我去死，你们去活，谁的去路好，唯有神知道。"从《斐多》来看，死就是灵魂和肉体的分离，活就是灵魂和肉体的共处。灵魂和肉体到底是分开好，还是在一起好，只有神知道。这岂不是说，要想搞清楚鸩酒究竟是毒还是药，仍需"问神"？要探究到底**什么**是好的生活，离不开对神的思考？但是，如果神和灵魂的存在已经成了问题，或者更确切地说，已经变成私人问题从而不成问题了，**什么**是好也就因此不是问题了。

◆

[1] 色诺芬曾记述苏格拉底与克力透布洛士的交谈，参阅色诺芬《回忆苏格拉底》（吴永泉译，北京：商务印书馆，1984年），第63—73页；另外，在色诺芬《经济论》（张伯健、陆大年译，北京：商务印书馆，1997年）中，苏格拉底的首要对话者也是克力透布洛士。

[2] 柏拉图：《苏格拉底的申辩》，吴飞译、疏，北京：华夏出版社，

2007年，33d－e。

[3] 柏拉图：《苏格拉底的申辩》，38b－c。这里，苏格拉底提到了四个人，第一个是柏拉图，其次是克力同和他的儿子克力透布洛士，最后是阿波罗多洛斯（Apollodorus，另译阿普漏兜洛士）。

[4] 柏拉图：《苏格拉底的申辩》，33c。

[5] 色诺芬：《回忆苏格拉底》，吴永泉译，北京：商务印书馆，1984年，第17页。

[6] Allan Bloom, *The Closing of American Spirit*, New York: Simon and Schuster, 1987, p.285.

[7] Roslyn Weiss, *Socrates Dissatisfied: An Analysis of Plato's Crito*, New York and Oxford: Oxford University Press, 1998, pp.43－49, 56.

[8] Joseph Cropsey, *Plato's World: Man's Place in the Cosmos,* Chicago and London: The University of Chicago Press, 1995, p.197.

[9] Paul Stern, *Socratic Rationalism and Political Philosophy: An Interpretation of Plato's Phaedo*, Albany: SUNY, 1993, 18, p.174.

[10] 柏拉图：《克力托封》，见于《柏拉图对话七篇》，戴子钦译，沈阳：辽宁教育出版社，1998年，第258页（410b）。

[11] 刘小枫：《〈斐多〉中的"相"》，载《读书》2002年第10期。

[12] 苏格拉底和克力同的对话，经常遭《斐多》解读者忽略或者轻视，比较极端的读法是只注重五个论证的逻辑有效性，对其余部分则完全置之不理。比如，在David Bostock的解读（*Plato's Phaedo*, Oxford: Oxford University Press, 1986）中，连克力同的名字也见不到。

[13] 杨绛的译本将"克力透布洛士和他的父亲"换成了"克力〔同〕

和他的儿子"。假设经典作品为文必字斟句酌，并且假设我们同意"苏格拉底和他的儿子"和"朗普洛克莱（Lamprocles）和他的父亲"意思或并不相同，那么，如此置换便值得商榷。

[14] L.G. Westerlink (ed.), *The Greek Commentaries on Plato's Phaedo, vol. I Olympiodorus*, Amsterdam: North-Holland Publishing Company, 1976, lecture 2, § 4.

[15] L.G. Westerlink (ed.), *The Greek Commentaries on Plato's Phaedo, vol. I Olympiodorus*, Amsterdam: North-Holland Publishing Company, 1976, lecture 2, § 8.

[16] Amihud Gilead, *The Platonic Odyssey: A Philosophic-literary Inquiry into the Phaedo*, [Value Inquiry Book Series 17], Amsterdam and Atlanta: Rodopi B. V., 1994, pp.34－35.

[17] 柏拉图：《莱西斯》，见于《柏拉图〈对话〉七篇》，戴子钦译，沈阳：辽宁人民出版社，1998年，第26页（219d－e）。

[18] 柏拉图：《莱西斯》，见于《柏拉图〈对话〉七篇》，第28页（220d）。

[19] 柏拉图：《克力同》，见于《游叙弗伦　苏格拉底的申辩　克力同》，严群译，北京：商务印书馆，1983年，44c。

[20] 柏拉图：《克力同》，44c。

[21] 柏拉图：《苏格拉底的申辩》，37e－38a。

[22] 柏拉图：《克力同》，44c。

[23] 柏拉图：《克力同》，44d。

[24] 柏拉图：《克力同》，45d－e。

[25] 柏拉图：《会饮》，见于《柏拉图的〈会饮〉》，刘小枫等译，北

京：华夏出版社，2003年，189a—b。关于笑的意义，参Leo Strauss, *On Plato's Symposium*, Chicago: The University of Chicago Press, 2001, pp.121—22。

[26] Leo Strauss, "On Plato's *Apology of Socrates* and *Crito*," in *Studies in Platonic Political Philosophy*, Chicago and London: The University of Chicago Press, 1983, p.58.

[27] Leo Strauss, "On Plato's *Apology of Socrates* and *Crito*," in *Studies in Platonic Political Philosophy*, Chicago and London: The University of Chicago Press, 1983, p.66.

[28] 柏拉图：《克力同》，44d，48a。

[29] 柏拉图：《克力同》，45e—46a。

[30] L. G. Westerlink (ed.), *The Greek Commentaries on Plato's Phaedo, Vol. II Damascius*, Amsterdam: North-Holland Publishing Company, 1977, I § 561, II § 157.

[31] Joseph Cropsey, *Plato's World: Man's Place in the Cosmos*, Chicago and London: The University of Chicago Press, 1995, p.224.

[32] 柏拉图：《会饮》，186e—187a。

[33] 柏拉图：《克力同》，44d，48a；《理想国》，郭斌和、张竹明译，北京：商务印书馆，1986年，517a。

[34] 柏拉图：《苏格拉底的申辩》，30e—31a。

[35] 柏拉图：《苏格拉底的申辩》，37e。

[36] 尼采：《哲学中的"理性"》，见于《偶像的黄昏》，卫茂平译，上海：华东师范大学出版社，2007年，第57—58页；《论道德的谱系》，见于《论道德的谱系·善恶之彼岸》，谢地坤、宋祖

良、刘桂环译,桂林:漓江出版社,2007年,第107页。

[37] 尼采:《论道德的谱系》,第70—72页。

[38] 奥伯恩加丁:《〈善恶之彼岸〉前言》,见于《论道德的谱系·善恶之彼岸》,第138页。

[39] 参海德格尔:《形而上学导论》,熊伟、王庆节译,北京:商务印书馆,1996年,第107页。

[40] 海德格尔,《形而上学是什么?》,见于《路标》,孙周兴译,北京:商务印书馆,2000年,第119—141、132页。

[41] 参海德格尔:《存在与时间》,陈嘉映、王庆节译,北京:生活·读书·新知三联书店,1987年,第318、367、406页。

[42] 海德格尔:《存在与时间》,第408页。

[43] 海德格尔:《存在与时间》,第367页,参第406页。

[44] 海德格尔:《存在与时间》,第301、318页。

[45] 参奥伯恩加丁:《〈善恶之彼岸〉前言》,见于《论道德的谱系·善恶之彼岸》,第138页。

[46] Leo Strauss, *Philosophy and Law: Contributions to the Understanding of Maimonides and His Predecessors*, Trans. Eve Adler, Albany: SUNY, 1995, pp.29—30.

[47] 霍布斯:《利维坦》,黎思复、黎廷弼译,北京:商务印书馆,1996年,第132页。中译本译Mortall God为"活的上帝",为免与常见的the living God混淆,这里改译为"有死的上帝"。

[48] 关于死亡恐惧对于理解霍布斯和政治哲学现代转向的重要意义,参施特劳斯:《霍布斯的政治哲学:基础与起源》,申彤译,南京:译林出版社,2001年,第36—52,129—205页。

[49] 霍布斯:《利维坦》,第288页。
[50] 霍布斯:《利维坦》,第132页。中译本译the Multitude为"一群人"。
[51] Samuel I. Mintz, *The Hunting of Leviathan*, Cambridge: The Cambridge University Press, 1962, pp.66－67.
[52] 柏拉图:《克力同》,44c－d。
[53] 尼采:《善恶之彼岸》,第54节。
[54] 海德格尔:《形而上学导论》,第159页。
[55] 海德格尔:《形而上学导论》,第164页。
[56] 海德格尔:《形而上学导论》,第42页。
[57] 刘小枫:《〈斐多〉中的"相"》,载《读书》2002年第10期。
[58] 柏拉图:《会饮》,216a、218a。

二
"你最好别和苏格拉底坐在一起!"

苏格拉底是哲学家的代名词,阿里斯托芬是喜剧诗人的卓越代表。哲学和喜剧看似毫无瓜葛,实际上,两者渊源甚深。哲学家苏格拉底之死和喜剧诗人阿里斯托芬就有一定关系。[1]"你最好别和苏格拉底坐在一起!"是古希腊伟大的喜剧作家阿里斯托芬作品里的一句话。这是一个喜剧作家对一个悲剧作家的警示,也是一个喜剧作家对哲学的警示。

总体来说,中国的喜剧精神相对缺乏,所以阿里斯托芬对我们的影响力度始终不如古希腊的悲剧作家。不过,有一位现代作家就表示他对阿里斯托芬的欣赏程度要胜过三大悲剧家,那就是著名的小说家老舍。老舍在《写与读》

（1945）中说："一方面，古希腊的三大悲剧家是世界文学史中罕见的天才，高不可及，一方面，我读阿瑞司陶风内司的喜剧，而喜剧更合我的口胃。"[2] 老舍说的阿瑞司陶风内司，现在通译阿里斯托芬。

"你最好别和苏格拉底坐在一起！"这句话出自阿里斯托芬的喜剧作品《蛙》。这部作品主要描述了古希腊两代悲剧作家之间的才艺比拼和酒神狄俄尼索斯对这场竞赛的裁决。老派悲剧作家埃斯库罗斯代表着对传统价值的肯定，新派悲剧作家欧里庇得斯代表着对新奇思想的追求。在阿里斯托芬的喜剧中，两位悲剧作家在阴间仍然争吵不休，认为自己的才艺比对方更高一筹。于是，酒神狄俄尼索斯下到阴间，去主持新旧两位悲剧作家之间的竞赛，判断到底谁的悲剧作品更胜一筹，更有利于安邦定国；并由此决定他们俩之中谁应该回到阳间，继续造福雅典人民。在较量过程中，两位作家在诗歌才艺上各有千秋，难分高下。最终，狄俄尼索斯想出了一个不是法子的法子。他根据他们的政治立场而非他们的诗学品质来确定输赢。在政治上，欧里庇得斯反对雅典的政治和军事天才阿尔基比亚德，埃斯库罗斯则主张接受阿尔基比亚德。根据他们对阿尔基比亚德的态度，酒神狄俄尼索斯判定老派作家埃斯库罗斯胜出，返回阳间以造福雅典人民。

阿里斯托芬的警示

"你最好别和苏格拉底坐在一起！"这句话出现在《蛙》这部喜剧剧终之时。狄俄尼索斯已经判定埃斯库罗斯胜出，欧里庇得斯败北。剧终退场，阿里斯托芬以歌队的歌唱形式说明了这场胜负和苏格拉底之间的关系。歌队首先唱道：

> 头脑丰富、强壮的人
> 才是幸福的。
> 很多东西都可以证明这一点。
> 因为谁展示了
> 知识和智慧，
> 谁就能重返阳世。
> 他拥有善德，
> 这对朋友和亲人都好，
> 对他本人及城邦也有益处。

这指的是埃斯库罗斯的立场。

歌队接下来的歌唱针对的是欧里庇得斯的立场:

> 你最好别和苏格拉底坐在一起,
> 喋喋不休。
> 放弃诗歌,
> 放弃任何
> 高雅的悲剧艺术。
> 你这样在故作深沉的诗句里
> 和没有意义的对话中
> 浪费时间,
> 真实再清楚不过的蠢行为。[3]

这段歌唱意味着,欧里庇得斯和苏格拉底站在同一条战线是导致他在竞赛中落败的根本原因。阿里斯托芬的喜剧指责欧里庇得斯沉溺于苏格拉底的修辞术和无休止的对话,而这种沉溺无论对其本人还是对城邦都毫无益处。要想对其本人和城邦皆有益处,应该返回诗歌和高雅的悲剧,远离苏格拉底的新知和言语。这是喜剧诗人阿里斯托芬对新派悲剧家和思想家的一个警告。

苏格拉底是哲学家，甚至可以说是哲学的代言人。"你最好别和苏格拉底坐在一起！"这个警告意味着，最好离哲学家远一点，别被哲学拐走了灵魂。因为阿里斯托芬是个喜剧作家，所以人们通常很少严肃地去思考他对哲学家的攻击。学哲学的人就更少严肃地对待这个攻击，因为它是喜剧性的而不是严肃的攻击。其实，我们这个时代似乎不自觉地遵循了阿里斯托芬的这个警告，离哲学远远的。反过来说，哲学落后于我们的时代意识，彻底被时代精神所抛弃。此时，重新思考阿里斯托芬的警告倒也恰逢其时。

在《蛙》里边，阿里斯托芬只是提了一下苏格拉底的名字。他对苏格拉底的挖苦，在其另一部喜剧作品《云》里边得到了全面呈现。《云》这部喜剧，罗念生先生很早就已经翻译成中文了。由于它是一部喜剧作品，基本上人们都不把阿里斯托芬对苏格拉底的喜剧描写太当真。其实，这部作品在一定程度上有助于恢复哲学的自信。阿里斯托芬所攻击的哲学，恰恰提供了一种不同的视角。在阿里斯托芬的喜剧里，哲学既不领先也不落后于时代精神，更不是时代精神的体现。相反，哲学本身就是跟社会相矛盾的精神。就其本质而言，哲学离所有的时代精神都一样近，也一样远。它是一门不合时宜的学问。

在《云》这部喜剧中，阿里斯托芬讲述了雅典一位老农民及其儿子跟随苏格拉底学习的故事。勤俭持家的农民斯瑞西阿得斯，娶了讲究享受生活的城里姑娘为妻，生了一个做梦都沉迷于赛马的败家子斐狄庇得斯。因为要给儿子买马，这个老农民欠下一屁股债，还债的日子马上就要到了，却又没钱可还。他想出了一个办法，希望儿子洗心革面，不再沉迷于赛马，而是去学校上学。上学的目的地是苏格拉底的思想研究所。那里，只要交钱就能上。从阿里斯托芬的喜剧来看，上学可以达到两个效果：一是可以改变认识世界的方式，二是可以掌握辩论技巧。斯瑞西阿得斯当然主要是为了掌握辩论技巧，从而打赢债务官司以便赖账。在阿里斯托芬的喜剧里，苏格拉底是两大领域的权威，一是自然科学研究，二是诉讼法学尤其是诉讼技巧研究。从现代眼光来看，苏格拉底实际上是个文理兼通的学术大师。斯瑞西阿得斯其实关心的主要是后面那门学问，也就是辩论技巧的学问。在这个剧本里，阿里斯托芬花了很多笔墨去描述苏格拉底的自然科学研究，而且把苏格拉底研究自然科学问题的态度放到教授辩论技巧过程的前面。这也说明了，自然科学研究态度是前提。只有经受自然科学研究的洗礼之后，并从这个角度去理解世界，才能够真正理解、贯彻语言与辩论本身的力量。

喜欢运动的儿子斐狄庇得斯起初根本瞧不起思想研究所里面的白面书生。老迈的父亲只好自己去学习。可是他实在太老了，学不动了，完不成苏格拉底那一套严格的语言和思维训练。儿子虽然不爱学那些文绉绉的东西，但毕竟还得靠父亲养活，最后只能答应去学习。斐狄庇得斯没有辜负老父亲的期望，最终掌握了苏格拉底口吐莲花般的辩论技巧，并且轻松地赢得辩论从而合乎逻辑地赖掉了债务。如此，斯瑞西阿得斯算是如愿以偿了。可是，他也从此开始倒霉了。所欠债务是了了，但纯粹逻辑的力量还在继续。领略了纯粹逻辑的美妙之后，儿子开始贯彻逻辑的彻底性。纯粹的逻辑力量怂恿了儿子胸中的肆意之情。斐狄庇得斯把他父亲给揍了，还在逻辑上无可挑剔地说明，他揍父亲完全有理。

法律和道德习俗的权威经不起纯粹的语言的分析。依据纯粹的语言技巧和美妙的逻辑力量战胜既定的习俗，对于年轻人来说，有时候是非常痛快的事情。既然认识到习俗和法律皆由凡人制定，年青一代很自然地想到制定新法以取代旧法。古法要求子女孝敬父母，父母打孩子无可厚非。思想解放的年轻人要求进一步思想解放。既然旧法允许父母打孩子，那么订立新法允许孩子打父母，逻辑上完全没有问题。老农民斯瑞西阿得斯终于领略到纯粹逻辑力量的强大，意识到这个力量虽然可以帮助他免除债务，但也可以毁掉他赖以生活的道德根基。他为了苏格拉底而抛弃神灵所代表的道义，从而失去了神灵在人类生活中所起的道德庇护作用。但是，后悔为时已晚。神灵既已失去，便无法挽回。要是去法庭告苏格拉底，无异于以卵击石，因为辩论不过他。所以，斯瑞西阿得斯最终只有一条路：进行暴力摧毁。于是，老农民一把火烧了苏格拉底的思想研究所。苏格拉底和他的门徒葬身火海，思想研究所也随之灰飞烟灭。这就是阿里斯托芬的喜剧作品《云》的结局。

阿里斯托芬这个故事虽然有点荒诞不经，但是给了哲学家很大的面子。在这个喜剧里面，哲学教育的影响力相当惊人。苏格拉底的思想研究所研究天文地理知识，传授语言辩论技巧。这个研究所里的学术研究不仅能够帮助人们重新认识世界，而且能够有效地赢得官司。阿里斯托芬的喜剧带来的一点启示是：纯粹的科学研究和逻辑研究，如果完全不考虑其对既定法律和习俗的影响，有可能会引发既有社会秩序和道德观念的解体。当然，旧秩序的解体未必都是坏事。但是，什么样的秩序才是美好的秩序？这也是思想研究所里的每一个成员需要思考但是没有思考的问题。

苏格拉底作为转折点

阿里斯托芬的这部喜剧说明了哲学本质上是一门让人洗心革面的学问，因此是一门危险的学问。但是，阿里斯托芬是个喜剧家，他对哲学的喜剧描述是不是真的值得认真对待？我想简单引述三个人的观点来说明这个问题的严肃性。第一个是英国的卡莱尔（Thomas Carlyle）。他在说："苏格拉底标志着希腊的衰落，代表着希腊人过渡时期的思想。"[4] 他还具体表明了对阿里斯托芬笔下的苏格拉底的理解："我完全认为他是感情深沉、有道德的人，但我又完全能理解阿里斯托芬对他的评价，说他是一个要用自己的革新将整个希腊毁灭的人。"[5]卡莱尔还强调了苏格拉底的划时代意义,"苏格拉底之后,希腊变得越来越好争辩,希腊的哲人失去了独创精神,失去了诗性精神,代之而起的是沉思"[6]。这是卡莱尔对于苏格拉底以及阿里斯托芬笔下的苏格拉底的看法。

第二个是尼采,他曾经猛烈地攻击苏格拉底,这在《偶像的黄昏》这本书里表现得尤其明显。尼采认为,苏格拉底是衰败的典型,是希腊没落和解体的征兆。[7]尼采强调,苏格拉底属于"最底层人",是"小民";无论就其"容貌"还是就其"精神"而言,他都是一个"怪物"。[8]与卡莱尔类似,尼采认为希腊人的鉴赏力随着苏格拉底"转向偏爱辩证法"。[9]苏格拉底辩证法的兴起,是"小民崛起"对贵族品味的颠覆。尼采强调,"辩证法仅仅是那些不具备任何其他武器之人手中的自卫手段"[10]。苏格拉底之前的上流社会拒绝辩证法。一个人只有别无他法,才会选择辩证法。

卡莱尔可能是站在文学的角度赞同阿里斯托芬,尼采则是一位对哲学辩证法并不友善的哲学家。我们来看第三个,哲学家黑格尔。他是一位对哲学无比严肃的哲学家。

与卡莱尔和尼采一样,黑格尔也强调苏格拉底的转折意义。他指出,苏格拉底不仅是"哲学史中极其重要的人物",而且也是"具有世界史意义的人物"。这个重要性在于苏格拉底是"精神本身的一个主要转折点"。[11]黑格尔如此概括"苏格拉底的原则":"人必须从他自己去找到他的天职、他的目的、世界的最终目的、真理、自在自为的东西,必须通过他自己而达到真理。"[12]与尼采贬斥苏格拉底辩证法为小民风格的态度不同,黑格尔则认为苏格拉底的为人是"完美的阿提卡文雅风度的典型"。[13]但是,黑格尔也指出,在苏格拉底的思想中,"由于培养反思的意识,那在意识中有效准的东西,习俗,合法的东西都发生动摇了"。正是在这一点上,黑格尔紧接着说,阿里斯托芬就是"从这个消极的方面来理解苏格拉底哲学的"[14]。黑格尔还特别强调了阿里斯托芬的价值,指出阿里斯托芬在《云》中所做的是"完全正确"的。[15]阿里斯托芬对苏格拉底的嘲弄有"非常深刻的理由",阿里斯托芬的诙谐是以"深刻的严肃性"为基础的。黑格尔还指出,阿里斯托芬的剧本表明他是"一个多么彻底深刻的爱国者,——一个高尚、卓越的真正雅典公民"[16]。对黑格尔来说,阿里斯托芬虽然以夸大的方式把苏格拉底的辩证法"一直推到了非常苛刻的极端",却不能说阿里斯托芬的"这个表现法对苏格拉底不公正";阿里斯托芬认识到"苏格拉底的辩证法的消极方面,并且(当然以他自己的方式)用这样有利的笔触把它表达了出来"。[17]

卡莱尔、尼采和黑格尔这三位思想家都强调苏格拉底哲学思想的危险性和消极性,并从不同的角度重申了阿里斯托芬攻击苏格拉底的严肃性和深刻性。这一点对于恰当地理解哲学来说非常值得思考。柏拉图其实在一定程度上也同意阿里斯托芬对苏格拉底的攻击。在《苏格拉底的申辩》里面,柏拉图描述了苏格拉底遭人控告的两条罪名:不信城邦信奉的神灵和败坏青年。这两条罪状和阿里斯托芬喜剧里面苏格拉底所教授的两门学问密切相关。苏格拉底研究自然科学的前提就是否认城邦信任的希腊诸神,因此否认诸神维护的法律和道德秩序。秉承科学研究的态度,苏格拉底教导年轻人领略语言本身的力量,寻找语言本身的摧毁力量。他的教导使得年轻的斐狄庇得斯蔑视法律的权威,只尊崇语言本身的逻辑力量。在这个意义上,苏格拉底确实败坏了年轻人。由于年轻人是城邦的未来,苏格拉底也就败坏了城邦的未来。这也是卡莱尔和尼采批评苏格拉底的一重意思。阿里斯托芬以喜剧的形式解释了，哲学是城邦道德的根本敌人。柏拉图并没有否认这一点。但是，柏拉图同时也强调：恰恰因为哲学是城邦道德的敌人，哲学是人类美好生活和追求永恒正义的朋友。

雅典判处苏格拉底死刑，苏格拉底本可以逃跑，但他选择死在雅典，并为这座城市留住了永恒的哲学名声。雅典判定苏格拉底有罪，有一种流传已久的说法起了关键的作用：苏格拉底是一个智者，凡天上地下的一切无不钻研，且能强词夺理并传授强词夺理之术。[18]换句话说，苏格拉底研究物理学或者自然哲学，并教授修辞学。用现代的眼光来看，苏格拉底其实是一个非常了得的教授，既研究自然科学，又能教授修辞学。这最起码也算是一个文理皆通的学术大师。然而，这两门学问却为他带来杀身之祸。雅典城判定他的物理学研究不敬传统神灵，他的修辞学则教会趋新骛奇的青年人强词夺理，所以判定他有罪。对苏格拉底的这种描述，阿里斯托芬的《云》最有代表性。[19]这部喜剧作品最为清楚地刻画了苏格拉底的智术师形象：沉迷于研究天文地理，并教授年轻人强词夺理之术。不同于诗歌和悲剧，这两门学问不仅于人间伦常无所住心，而且对既有观念秩序具有摧毁作用。所以，在阿里斯托芬的《云》中，苏格拉底就是典型的追求和传播真理的新潮知识分子。进一步来说，知识上赶新潮可能也并没有问题，根本问题也许在于苏格拉底没有隐藏而是教导真理。关于这一点，舍斯托夫说得更加明白，苏格拉底被判死刑的原因并不是因为他发明了新的真理和新的神灵，而是因为他想用他的真理和神祇来说明一切，是因为他"不善于或是不愿意三缄其口"，是因为他败坏了雅典人的生活。[20] 这个问题，苏格拉底的同时代人阿里斯托芬已经看得很清楚，因此借歌队之口发出这样的警告："你最好别和苏格拉底坐在一起！"

酒神与日神

在柏拉图的《会饮》中，政治家阿尔基比亚德其实也发出了同样的警告。阿尔基比亚德警告新派悲剧诗人阿迦通不要跟苏格拉底坐在一起，警告他不要被苏格拉底的言辞冲昏头脑。在《会饮》中，苏格拉底的追随者阿波罗多洛斯向人叙述十余年前的一场聚会，这场聚会的因由是庆祝青年悲剧诗人阿迦通赢得大奖。[21]对话一开始，就提到了阿迦通、苏格拉底和阿尔基比亚德三人的名字。史载，公元前416年，悲剧作家阿迦通一出手便夺得年度戏剧大赛桂冠。这就是说，阿波罗多洛斯所报告的那次聚会发生在公元前416年。次年也即公元前415年，雅典人出征西西里。阿尔基比亚德是力主出征也是领兵出征的主要将领。雅典军队出征在即，雅典城内却发生了重大的渎神事件：赫尔墨斯神像的脸部和私处遭到损毁。阿尔基比亚德的政敌指控，这件渎神事件应当归咎于阿尔基比亚德。但为免军队支持阿尔基比亚德，决定先让军队出征然后中途再将他从军中召回。阿尔基比亚德深知，此时回到雅典必遭处死，所以叛逃斯巴达。阿尔基比亚德的叛逃也是雅典在伯罗奔尼撒战争中落败的一个重要原因。

公元前416年，阿尔基比亚德还在雅典，第二年他便叛逃斯巴达。此后一段时间，阿尔基比亚德这个叛国贼的名字自然是一个敏感话题，不能随便谈论。不过，阿尔基比亚德这个政治和军事天才后来重新让雅典人接受他，并于公元前407年回到雅典。既然人民已经重新接纳阿尔基比亚德，那么他也就不再是一个政治禁忌，有关于他的一些禁忌话题也就变成可以公开谈论的话题。一度成为禁忌的政治人物也可能因此重新成为人们关注的重点。所以，《会饮》一开始就表明，这几天不断有人向阿波罗多洛斯打听十年前在阿迦通家那次聚会的情况。从阿波罗多洛斯的语气可以了解到，格劳孔和那位匿名同志都是有钱的"俗人"。他们对哲学本身的兴趣不大，可能更为关心政治人物阿尔基比亚德而非哲学家苏格拉底的情况。阿波罗多洛斯是苏格拉底的崇拜者，他与苏格拉底及其崇拜者群体关系密切，可以了解到外人无从了解的信息。这些信息曾经是秘密，是禁忌，现在可以公开，可以解密。作为苏格拉底而非阿尔基比亚德的崇拜者，阿波罗多洛斯可以决定解密的方式。[22]

公元前416年，阿迦通年方三十。如此年轻便摘得文学桂冠，自然可喜可贺。获奖当晚庆祝酒会举行过之后，第二晚阿迦通又邀请雅典的文化名流到府把酒言欢。因为大多数人前一晚已经饮酒过量，所以经过民主协商，决定当晚不再拼酒，代之以比拼文才。这场文才竞赛的主题是大家轮流即席赞颂爱神，比谁的讲辞最精彩。戏剧竞赛已经落幕,以新派悲剧才俊阿迦通获胜告终。另一场竞赛则刚刚拉开帷幕。这场竞赛因苏格拉底的参与而成为哲学与悲喜剧诗人之间的竞赛。主要发言者有七人,根据发言顺序依次为斐德若、泡撒尼阿斯、厄里克希马库斯、阿里斯托芬、阿伽通、苏格拉底和阿尔基比亚德。虽然总共有七个人发言,但是真正以爱神为主题的发言其实只是前六个人。阿尔基比亚德是在前面六人完成讲演之后才闯进来的,而且他所赞颂的对象不是爱神,而是苏格拉底。

既然不再比拼酒量而改拼文才,酒神狄俄尼索斯也就因此退场,主宰文艺的日神阿波罗登场。整部《会饮》可以看作是酒神和日神互相角力的过程。希腊的年度戏剧大赛本身就是祭拜酒神狄俄尼索斯的庆典之一,所以整篇对话的缘起跟狄俄尼索斯有关。这也决定了这篇对话跟沉醉、神秘、狂欢、放纵有关。经过前一晚豪饮狂欢之后,平常的理性、清醒、平静和节制在今晚复苏。日神的清醒取代了酒神的沉醉。但是,日神并不能一劳永逸地放逐酒神。文才比拼结束之后,喜剧诗人阿里斯托芬正准备跟苏格拉底再理论一番,烂醉而放肆的阿尔基比亚德突然到来。酒神狄俄尼索斯由此重新登场,并最终将这个晚上重新变成狂饮之夜。当然，日神阿波罗也没有完全退场。因为苏格拉底对酒精的抵抗力无比惊人，酒神也始终未能将日神的清醒精神完全驱逐出场。所有其他人要么趁早躲避，要么抵挡不住酒神的魅力，唯有苏格拉底始终保持着一如既往的清醒。他清醒地抵达，最后也清醒地离开。当他抵达之时，其他人还没有从头天晚上的沉醉之中恢复过来；当他于清晨离开之时，其他人又重新陷入沉醉，连海量的阿里斯托芬和阿迦通也最终昏昏睡去。从对话的这个情节来看，无论在文辞方面还是在酒量方面，苏格拉底都取得了最终的胜利。

根据阿里斯托芬的喜剧《蛙》，欧里庇得斯因反对阿尔基比亚德，而被酒神狄俄尼索斯判定在文才比赛中落败。歌队的唱词又暗示欧里庇得斯因追随苏格拉底的新学问而落败，也暗示苏格拉底新学问和传统悲剧精神道德之间的冲突。柏拉图的《会饮》则重启一种竞赛，并且重新判断胜负。《会饮》的起点是新派悲剧已经取得了事实上的胜利，因为欧里庇得斯的朋友阿迦通已经摘得戏剧比赛的桂冠。在《蛙》中，阿里斯托芬将欧里庇得斯的落败等同于苏格拉底精神的落败；在《会饮》中，柏拉图则并没有把阿迦通的胜利等同于苏格拉底精神的胜利。柏拉图重新规划了竞赛场地，整个晚上比赛的一方是哲学家苏格拉底，另一方是智术师门徒和悲喜剧诗人。苏格拉底取得了最终的胜利。苏格拉底在言辞方面的胜利，最终由醉醺醺的阿尔基比亚德亲口宣布。这也是一个反讽。酒神通过醉醺醺的阿尔基比亚德宣布了苏格拉底的胜利，因为所有其他人都不能抵挡酒神的强大力量。其他人要么畏惧酒神，要么臣服酒神，唯有苏格拉底除外。在酒量方面的胜利，则由柏拉图的戏剧描述本身来揭示。

苏格拉底的魅力

既然苏格拉底最终获得了全面胜利，为什么柏拉图还在《会饮》中让阿尔基比亚德和阿里斯托芬一样，发出不要和苏格拉底坐在一起的警告？难道柏拉图和阿里斯托芬一样，也认为和苏格拉底坐在一起进行对话是既没有意义又浪费时间的愚蠢行为？如果是这样，那么柏拉图的所有著作就是没有意义的话语集。如果不是这样，阿尔基比亚德的警告又提示了什么？换句话说，苏格拉底及其哲学精神包含着什么样的危险？

《会饮》开篇就通过阿波罗多洛斯的身份和性格间接地展示了苏格拉底的危险性。阿波罗多洛斯是苏格拉底的忠实崇拜者，虽然跟随苏格拉底才三年。阿波罗多洛斯身上有一种疯狂的精神、一种愤世嫉俗的情绪。阿波罗多洛斯执着于哲学，而且是性情中人。阿波罗多洛斯深爱着苏格拉底，因此深爱着哲学。三年来，他日日夜夜都在学习苏格拉底的一言一行。自从跟了苏格拉底之后，才明白其他事情都是空忙，只有投身哲学才是有意义的生活。哲学的生活才是有意义的生活，非哲学的生活则是无意义的生活。换句话说，阿波罗多洛斯身上有一种愤世嫉俗的气质，对世人的通常观念和想法嗤之以鼻或者义愤填膺。这就是阿波罗多洛斯这位苏格拉底崇拜者的性情和气质。[23]

苏格拉底也承认，青年人喜欢和他在一起，喜欢听他和别人辩驳。但是，苏格拉底和别人辩驳，其首要目的是寻找真正智慧的人，从而反驳苏格拉底是这个世界最智慧者这条神谕。青年人喜欢和苏格拉底在一起，最初更多的是为了看到知名人士被苏格拉底驳倒而出丑，心里觉得过瘾。所以，苏格拉底在哪里和人辩驳，青年人就喜欢在哪里看热闹。在看热闹的同时,青年人也逐渐被苏格拉底的智慧所吸引并且模仿之,一发而不可收拾。[24]苏格拉底的言语具有如此大的魔力,以致连最初鄙视苏格拉底的青年最后也深陷其中并乐此不疲,包括阿里斯托芬《云》中的斐狄庇得斯。

阿波罗多洛斯是苏格拉底的崇拜者,他深爱着苏格拉底。这并不表明,苏格拉底也像他那样深爱着他。换句话说,阿波罗多洛斯深深地被苏格拉底吸引,但他未必能吸引苏格拉底。不过,像阿伽通那样才色兼备的美男子,也许另当别论。苏格拉底受邀前往阿伽通家参加宴会,路遇那时深爱着他的阿里斯托得谟斯,于是顺带邀请后者同往。在路上,苏格拉底突然陷入沉思,于是让阿里斯托得谟斯先行一步。作为苏格拉底的崇拜者,阿里斯托得谟斯喜欢和苏格拉底在一起。他抵达之后,大家就明白苏格拉底应该马上就到。阿里斯托得谟斯可以说是苏格拉底的信使。主人阿迦通安排他挨着医生埃里克希玛库斯躺着。从座次上看,埃里克希玛库斯和阿里斯托得谟斯的位置就在阿迦通的左边。这样,阿里斯托得谟斯便不可能和后来到达的苏格拉底同席。苏格拉底在外边沉思了好一阵子,最后终于出现，主人阿迦通安排他与自己同席。

苏格拉底一到，阿迦通就喊："苏格拉底，躺我这边，好让我挨着你，可以沾点你在隔壁前院刚刚发现的智慧"（175c，译文引自刘小枫译本）。阿伽通毕竟不同于阿波罗多洛斯，他喜欢和苏格拉底挨在一起，并不是因为崇拜苏格拉底或觉得有必要从学于他。由于拥有耀眼夺目的文才，阿迦通相信自己在才智上不输于苏格拉底。所以，他才有信心和苏格拉底坐在一起比才智，还说要让酒神狄俄尼索斯来做裁判（175e）。阿迦通喜欢和苏格拉底在一起，是要和他比赛谁更有智慧。阿迦通已经在戏剧大赛中胜出，新的焦点因此是悲剧和哲学之间的比赛。无往不胜的苏格拉底能否征服这颗年轻而骄傲的心？苏格拉底是否可以施展他的魔力，让阿迦通主动坐到他身边？只有在醉醺醺的阿尔基比亚德来到之后，这个问题才有答案。

阿里斯托得谟斯到达的时候，苏格拉底还没有到场。阿尔基比亚德到达的时候，则并不知道苏格拉底也在场。他来的时候，已经酩酊大醉，头上还戴着紫罗兰和常春藤编织的花冠。紫罗兰和常春藤都是酒神之花，再加上阿尔基比亚德的醉意，都说明阿尔基比亚德代表酒神来给获胜者阿伽通戴上花冠。可是，当发现苏格拉底也在场之后，阿尔基比亚德的言行说明：阿伽通虽然赢得了戏剧大赛，但是赢不了苏格拉底。在行动方面，阿尔基比亚德从阿伽通头上扯下几根飘带，也给苏格拉底缠上。在言语方面，他说得更为清楚：阿伽通不过昨天赢了一回，苏格拉底则从来就没有输过（213e）。阿伽通说要让酒神来裁判他和苏格拉底谁更有智慧。阿尔基比亚德作为酒神的代表已经给出了答案：阿伽通即便才高八斗，也无法跟苏格拉底的智慧相提并论。

发觉苏格拉底也在场之后，阿尔基比亚德的一个重要反应是：苏格拉底应该跟喜剧作家阿里斯托芬或者其他能够逗乐的人坐一起，而不是跟英俊的悲剧作家阿伽通坐一起。阿尔基比亚德到达之后，直接插到阿伽通和苏格拉底中间，把他们分隔开来（213a－b）。虽然一开始这只是无意识的行为，但是当他发现苏格拉底也在场之后，非但没有纠正反而要强化这种分隔。

赞颂苏格拉底

阿尔基比亚德既落座,就得按照当晚的规矩颂扬爱神。阿尔基比亚德表示,有苏格拉底在场,他无法赞颂其他。他得到埃里克西马库斯和苏格拉底的同意,可以赞颂苏格拉底。阿尔基比亚德对苏格拉底的赞颂,同时也是一种揭露,揭露苏格拉底的真实面目。这一种揭露也是提醒在场者尤其是阿伽通,要提防苏格拉底。苏格拉底的爱实际上是一个陷阱,是一种魔术,常常诱使自以为深得苏格拉底喜爱的年轻人不知不觉地爱上苏格拉底,完全不能自拔。阿尔基比亚德的苏格拉底颂辞可以分两方面看,一是关于苏格拉底的性格和行动能力,一是关于苏格拉底的言语能力。

苏格拉底样子奇丑,尼采就曾经从苏格拉底的容颜丑陋看出他心中的恶习和精神上的颓废,认为他转向辩证法是希腊高贵精神的没落,是精神丑角的胜利。[25] 阿尔基比亚德也强调苏格拉底相貌丑陋,丑陋得跟以丑著称的林神有一拼。和尼采不同,阿尔基比亚德说,苏格拉底相貌虽然丑陋，但是身体里面藏着一颗无与伦比的灵魂，犹如一尊光辉的神像。阿尔基比亚德用自己的亲身经历说明这尊神像的魔力和傲慢。在语言辩才方面，阿尔基比亚德说，每逢苏格拉底说话，自己就心跳不已，完全被他的言词迷倒。苏格拉底的言辞让他感到，"自己现在所过的生活实在不值得再这样过下去了"（216a）。阿尔基比亚德的这些话证实了，阿波罗多洛斯的愤世嫉俗确实与苏格拉底直接相关。一开始，阿波罗多洛斯就说，自从遇到苏格拉底之后，发现自己以前所过的生活完全没有意义。阿尔基比亚德说，"哲学言论比毒蛇厉害得多，一旦它咬住一个年轻、且资禀不坏的灵魂，就会任意支配这灵魂的所有言行"（218a）。阿尔基比亚德深受哲学疯狂的伤害，而恰恰是受到了这种深刻的伤害，他才领会到政治生活的界限。

苏格拉底的性格和行动也体现了他那迷人的魔力和危险的傲慢。苏格拉底本人长相丑陋，却喜欢亲近年轻的美男子。尼采说，苏格拉底是"一个大色鬼"。[26] 要理解尼采的这个说法，需要理解阿尔基比亚德对苏格拉底的认识：苏格拉底实际上对美貌毫不在乎，犹如他视财富如粪土、视荣誉为无物。苏格拉底表面上喜欢亲近美少年，常使得他们心中荡漾、自命不凡。俊美的阿尔基比亚德以自己的亲身经历说明了苏格拉底对美貌的轻蔑和傲慢。这种轻蔑和傲慢虽是一种伤害，却也捕获了青年的敬佩之心。苏格拉底真正关心的是培养灵魂的美丽，对相貌的美丽完全无所动心。[27]

阿里斯托芬的《云》把苏格拉底刻画为四体不勤的白面书生形象。苏格拉底被债务缠身的斯瑞西阿德斯奉为"深沉的思想家"和"高贵的人"，却也被爱好运动（喜欢赛马）的斐狄庇得斯形容为"面孔苍白、光着脚丫儿的无赖汉"和"下流东西"。[28]与此相反，《会饮》中的阿尔基比亚德则说，苏格拉底不光不是白面书生一个，而且智勇双全。在吃喝方面，苏格拉底既能忍饥挨饿又能享受美味，这方面的能力远高于常人；他虽不嗜酒，但是酒量奇高，没有人曾看到苏格拉底喝醉过酒。在耐力方面，他既能耐寒，又能抵挡得住睡眠之神的诱惑。在战场上，苏格拉底在打胜仗和吃败仗之时都能荣辱不惊、勇猛镇定，无人能及。阿尔基比亚德强调，在言行两方面，苏格拉底的才能都无人能及，无论古今（221c–d）。

阿尔基比亚德的颂词，是哲学从一个政治家那里所能接受的最高颂词。这份颂词也是一种警告。它是对哲学崇拜者的一种警告。美好的灵魂需要强健无比的身体来匹配，否则就是一个"面孔苍白"的知识分子而已。它也是对俊美的悲剧诗人阿伽通的一种警告。苏格拉底的才能，古往今来无人能出其右。阿伽通和苏格拉底坐在一起，不是被苏格拉底俘获，就是被苏格拉底的辩证法伤害。所以，阿尔基比亚德在结束他的颂词之前，特别提醒阿伽通别和苏格拉底坐在一起，免得上了他的当。和苏格拉底在一起，要么具备他那超人般的强健体魄，要么堕落为"四体不勤、面孔苍白"的一介书生。

结　语

政治家阿尔基比亚德要跟苏格拉底争抢天才美少年阿伽通。但是，苏格拉底说，阿尔基比亚德是因为看见他坐在阿伽通旁边，心生妒意。苏格拉底不坐在他旁边而坐在阿伽通旁边，说明阿伽通比阿尔基比亚德更美，因此更吸引苏格拉底。阿尔基比亚德开始时不经意地坐在苏格拉底和阿伽通中间，发觉苏格拉底在场之后，他竭力希望维持这种局面。这样,他既可以分离阿伽通和苏格拉底,又能同时和他们两个保持亲近。这种座次体现了政治生活的核心地位,哲学和诗歌辅佐左右。阿尔基比亚德既想离间哲学和诗歌,又想把它们团结在政治生活的身边。

然而,正如阿尔基比亚德所说,苏格拉底魔力无边。苏格拉底轻而易举地诱使天才美少年阿伽通坐到他的右边,以求得到他的颂扬。如此,苏格拉底坐镇中间,阿尔基比亚德和阿伽通环绕左右。哲学成功地分离了政治和诗歌,并且将它们吸引到身边。苏格拉底曾经让阿尔基比亚德爱恨交加,欲罢不能。阿尔基比亚德因此警告阿伽通避免落入同样的命运。但是,阿伽通因为渴望得到哲学的无上赞美,自觉地接受了苏格拉底的诱惑。卓越的政治和美好的诗歌,都无法逃避哲学的诱惑和伤害。阿尔基比亚德带来的花冠戴在阿伽通的头上,但是阿尔基比亚德和阿伽通分别以自己的言语和行动说明了,苏格拉底才是真正的无冕之王。这也完美地见证了,阿尔基比亚德对苏格拉底的赞颂恰如其分。阿尔基比亚德的最后一句话承认了:只要有苏格拉底在,谁也别想跟他抢夺既俊美又有才华的阿伽通。

苏格拉底赢得阿伽通之后,阿尔基比亚德便消失了。

整个会场也随即因众多醉客的闯入而陷入无秩序状态。阿尔基比亚德抢夺阿伽通落败，酒神的疯狂开始发作，以此扰乱哲学疯狂的统治。于是，走的走了，睡的睡了。不过，哲学和诗歌的竞赛并没有结束，因为阿伽通、阿里斯托芬和苏格拉底还在继续喝酒说话，通宵达旦。这一竞赛有两方面，一方面是比赛哲学和诗歌对酒神和睡眠的抵御能力，另一方面是比赛语言的能力。两方面，苏格拉底都获得了胜利。所有人都成了酒神或者睡神的俘虏，唯有苏格拉底清醒地告别酒神之夜。所有人都在睡梦和醉意中错过黎明，除了苏格拉底。

◆────

[1] 柏拉图：《苏格拉底的申辩》，吴飞译、疏，北京：华夏出版社，2007年；同参《游叙弗伦 苏格拉底的申辩 克力同》，严群译，北京：商务印书馆，1983年。
[2] 老舍：《老舍文集》（第十五卷），北京：人民文学出版社，1990年，第598页。
[3] 阿里斯托芬：《蛙》，见于《阿里斯托芬喜剧六种》（《罗念生全集》第四卷），罗念生译，上海：上海人民出版社，2007年，第462页（第1482－1499行）。

[4] 卡莱尔:《卡莱尔文学史讲演集》,姜智芹译,桂林:广西师范大学出版社,2005年,第30页。

[5] 卡莱尔:《卡莱尔文学史讲演集》,第31页。

[6] 卡莱尔:《卡莱尔文学史讲演集》,第32页。

[7] 尼采:《偶像的黄昏》,卫茂平译,上海:华东师范大学出版社,2007年,第44页。

[8] 尼采:《偶像的黄昏》,第45－46页。

[9] 尼采:《偶像的黄昏》,第47页。

[10] 尼采:《偶像的黄昏》,第48－49页。

[11] 黑格尔:《哲学史讲演录》(第二卷),贺麟、王太庆译,北京:商务印书馆,1960年,第39页。

[12] 黑格尔:《哲学史讲演录》(第二卷),第41页。

[13] 黑格尔:《哲学史讲演录》(第二卷),第51页。

[14] 黑格尔:《哲学史讲演录》(第二卷),第76页。

[15] 黑格尔:《哲学史讲演录》(第二卷),第76页。

[16] 黑格尔:《哲学史讲演录》(第二卷),第77页。

[17] 黑格尔:《哲学史讲演录》(第二卷),第79页。

[18] 柏拉图:《苏格拉底的申辩》,18b－c。

[19] 阿里斯托芬:《阿里斯托芬喜剧六种》(《罗念生全集》第四卷),第157－261页。

[20] 舍斯托夫:《雅典与耶路撒冷》,张冰译,上海:上海人民出版社,2004年,第294页。

[21]《会饮》的中文译本情况如下:《文艺对话集》,朱光潜译,北京:人民文学出版社,1963年,第211－292页;《柏拉图全集》

(第二卷),王晓朝译,北京:人民出版社,2003年,第205—269页;《柏拉图的〈会饮〉》,刘小枫等译,北京:华夏出版社,2003年,第1—119页;《柏拉图对话集》,王太庆译,北京:商务印书馆,2004年,第288—352页。

[22] See Leo Strauss, *On Plato's* Symposium, Chicago: The University of Chicago Press, 2001, 14—15.

[23] 关于阿波罗多洛斯的狂狷与苏格拉底哲学精神之间的关系,参 Harry Neumann, "On the Madness of Plato's *Apollodorus*", *Transactions and Proceedings of the American Philosophical Association*, vol. 96 (1965): 283—289。

[24] 柏拉图:《苏格拉底的申辩》,23a—d。

[25] 尼采:《偶像的黄昏》,第45—48页。

[26] 尼采:《偶像的黄昏》,第50页。

[27] 与此不同,霍布斯怀疑柏拉图式的爱纯粹是感官之爱。参 Thomas Hobbes, *The Elements of Law*, ed. J. C. A. Gaskin, Oxford: Oxford University Press, 1994, 57。

[28] 阿里斯托芬:《阿里斯托芬喜剧六种》(《罗念生全集》第四卷),第163—164页(第93—104行)。

三
阿波罗多洛斯的疯狂

王　子：他瞧上去像在发怒吗？
霍拉旭：它的脸上悲哀多于愤怒。
——《哈姆雷特》

柏拉图的《会饮》，无论文字还是思想，皆悠扬而隽永。

这篇哲学对话的叙述者是阿波罗多洛斯，是苏格拉底的一个忠实崇拜者。在柏拉图的若干对话中，阿波罗多洛斯都曾出现过，但都只能算是个边缘人物。[1] 就《会饮》而言，他是整个对话故事的叙述者。这个角色，很难说有多重要，但也不好说它不重要。说它不是那么重要，因为阿波罗多洛斯毕竟只是叙述者而已，主要起着传声筒的作用。阿波罗多洛斯只是重新讲了一遍阿里斯托得谟斯跟他讲过的故事。他只是一个二道叙述者。说它并非不重要，因为阿波罗多洛斯毕竟是整个对话和故事的叙述者，即便这个故事他是从阿里斯托得谟斯那里听来的。叙述者毕竟对整个故事的构成起着微妙的作用。他讲故事的角度、方法和选材，始终都塑造着故事本身。

更为重要的是，阿波罗多洛斯身上有一种疯狂的精神，一种愤世嫉俗的情绪。这种愤怒从一开始就弥漫在对话之中。在多大程度上我们会赞同一个愤世嫉俗者看待世界的角度？在多大程度上我们会相信一个疯疯癫癫之人所说的话和所讲的故事？阿波罗多洛斯的这种性格本身，也令人怀疑：他的叙述能否确切体现苏格拉底以及柏拉图的哲学精神？这种癫狂本身与哲学精神之间的距离到底有多远？或者说，有多近？

阿波罗多洛斯作为哲学信徒

《会饮》开篇不久，阿波罗多洛斯就表明，他三年前才开始跟随苏格拉底。所以,他自己并无缘亲身经历多年前所发生的那次会饮。关于那次会饮的故事,他是从前辈阿里斯托得谟斯那里听来的。了解阿波罗多洛斯和阿里斯托得谟斯是什么样的人,对于理解他们的叙事无疑具有一定的帮助作用。

《会饮》的文本描述告诉我们:阿波罗多洛斯是性情中人;他深切地热爱苏格拉底,并因此热爱哲学。关于阿波罗多洛斯的性格,《斐多》(或译《裴洞》)就有两处典型的描述。《斐多》主要描写苏格拉底临死前和友朋弟子的一场对话,对话的叙述者是斐多。在刚开始报告的时候,斐多说:

> 有一种非常奇特的感觉笼罩着我,感到既乐又苦,因为心中想到我的朋友行将逝世了。我们这些在场的人都有同样的感受,时而欢笑,时而悲泣,特别是我们中间的那位阿波罗多若,你是知道他的为人的。[2]

在《斐多》的结尾处,斐多又报道了苏格拉底喝了毒

三 阿波罗多洛斯的疯狂 /079

药之后在场者的情绪:

> 为了不让自己泪如泉涌,我用大氅遮着脸,暗自饮泣,这并不是为他而泣,而是因为我不幸失掉了这样一位朋友。格黎东在我之前站起来走出去,因为他不能制止泪珠了。阿波罗多若原来一直在啜泣,这时悲痛得放声大哭,使大家都哀痛欲绝,只有苏格拉底例外。[3]

《斐多》篇的这两处描写,既生动刻画了阿波罗多洛斯〔阿波罗多若〕的性格,又充分展示了他对苏格拉底的热爱。根据这些描述,凡是了解阿波罗多洛斯的人,都知道他悲喜随情而形于色;他的泪水直率地表达了他对苏格拉底的爱。

阿波罗多洛斯所讲的会饮故事,其来源是阿里斯托得谟斯。阿里斯托得谟斯的叙述是否准确恰当地传达了会饮当晚所发生的情形?阿波罗多洛斯刻意强调,他曾经向苏格拉底求证过故事的准确性。苏格拉底向他表示,自己认可阿里斯托得谟斯的叙述。但是,苏格拉底的位置是被动的，他只是同意阿里斯托得谟斯的叙述本身没有错误，他没有说这个叙述有没有遗漏或者略去什么东西（比如180c）。

那么，阿里斯托得谟斯是什么样的一个人？

阿波罗多洛斯虽然对阿里斯托得谟斯的外表有所描述：身材矮小，而且总是光着脚丫子；但是没有提及其心性如何。这样，我们便需要从外在材料去了解这个问题。关于阿里斯托得谟斯的心性，色诺芬曾经有所描述。在为苏格拉底的虔诚辩护的时候，色诺芬记载了苏格拉底和阿里斯托得谟斯之间的一段对话。色诺芬说：

> 我首先要提一提我有一次亲自听到他对那绰号小人物的阿里斯托底莫斯所讲关于神明的事。苏格拉底曾听说阿里斯托底莫斯无论做什么事，既不向神明献祭，也不从事占卜，反而讥笑那些做这类事情的人。[4]

色诺芬提到阿里斯托得谟斯〔阿里斯托底莫斯〕的绰号小人物，这一点符合阿波罗多洛斯对他身材的描述。更为重要的是，色诺芬展现了阿里斯托得谟斯的心性。从里到外，阿里斯托得谟斯都是个无神论者。他不光自己不信神灵占卜这类事情，而且还讥笑信奉神灵的人。色诺芬的记录则要说明：苏格拉底信奉神灵，他显然不同于而且还教育过不信神灵的阿里斯托得谟斯。

阿里斯托得谟斯和阿波罗多洛斯都是苏格拉底的忠实崇拜者。前者公开肆意地讥笑神灵，后者毫无掩饰地愤世嫉俗。两者对这个世界通常引以为珍贵的东西都不以为然。如果苏格拉底也是如此，雅典城邦对苏格拉底的判决就并非无理。即便苏格拉底并非如此，他仍有引导无方之过。无论如何，苏格拉底似乎都摆脱不了干系。

阿波罗多洛斯深爱着苏格拉底，因此深爱着哲学。

《会饮》开篇表明，有人向阿波罗多洛斯打听两天前格劳孔曾经向他打听过的事情，阿波罗多洛斯正在给那人讲述那天的事情经过。那天，他正在从家里（雅典的郊区法勒雍）去往城里的路上。这时，格劳孔从后面远远地喊他，并让他等等。格劳孔找阿波罗多洛斯的目的是想了解在阿伽通家里一场聚会的情况。关于这场聚会，格劳孔已经间接从腓力普斯的儿子菲尼克斯那里有所知晓，但是许多地方还不是特别清楚。由于阿波罗多洛斯是苏格拉底的忠实追随者，经常和苏格拉底在一起，所以，格劳孔说，找阿波罗多洛斯了解这个聚会的详细情况，再合适不过。

一提到苏格拉底，阿波罗多洛斯不由自主地感到兴奋，并且逮着机会不忘宣传投身哲学的好处。他说他自三年前跟随苏格拉底以来，日日夜夜都在学习苏格拉底的一言一行。他还以自己的亲身经历说明，追随哲学之前和之后的生活有何等的天南地北之别。学习哲学之前，他整天都忙得晕头转向，总觉得有十分重要的事情要做。现在回想起来，那些都不过是在茫无目的地瞎忙乎。以前，以为干任何事情都比哲学好。但是自从跟随苏格拉底之后，他才明白所有其他事情都是空忙，投身哲学才是真正有意义的生活。皈依哲学之后的阿波罗多洛斯，只要一有机会，就会热情洋溢地进行哲学布道，并且乐此不疲。

像两天前跟格劳孔宣传哲学一样，阿波罗多洛斯今天又向新的打听者进行哲学布道。他相信，无论自己讲述还是听别人谈论哲学，都能令他受益。对他来说，谈论哲学就是一种享受。两天前跟格劳孔说话的时候，阿波罗多洛斯比较了以前的和现在的自己，说明了哲学对于他人生的重要意义。现在，阿波罗多洛斯又开始比较他现在的生活

三　阿波罗多洛斯的疯狂　/083

和别人的生活尤其是和有钱人的生活之间的本质差异。只要事关哲学，无论聆听还是讲述，他都感到兴趣盎然。如果是无关哲学的主题，尤其是有钱人的谈话主题，他都感到索然无味。显然，向他打听会饮一事的同志是一位有钱人。阿波罗多洛斯于是就可怜那位同志及其同行，数落他们自以为在做一些重要实际上却毫无意义的事情。阿波罗多洛斯的思想逻辑是一贯的：哲学生活是有意义的生活，非哲学生活则是无意义的生活。阿波罗多洛斯可怜完对方以后，接着又猜测对方的想法。虽然他觉得对方是可怜虫，他也知道而且相信，人家觉得他自己才是可怜虫。阿波罗多洛斯的姿态相当清高，虽然他知道对方对这种清高不以为然。他固执地认为，那是因为对方还没有从浑浑噩噩的生活中醒悟过来，就像三年前他还没有觉悟一样。对于阿波罗多洛斯来说，世人对哲学的不以为然是因为世人还没有觉悟。

显然，阿波罗多洛斯的想法是唯哲学生活独尊，视非哲学生活为毫无意义的生活。换句话说，阿波罗多洛斯身上有一种愤世嫉俗的气质。究其根底，这和他的前辈阿里斯托得谟斯对神明的轻蔑态度一样，都是一种狂狷之气。

他们都对世人的通常观念和想法嗤之以鼻或者义愤填膺。这是两代苏格拉底崇拜者的共同气质。这也在一定程度上体现了苏格拉底的危险性。这种气质的养成究竟是否应当完全归功于或者说归咎于苏格拉底的言行，还是只与崇拜者本身的气质和热情相关，这也是一个问题。无论如何，这是雅典公民控诉苏格拉底败坏青年的一个佐证。更为严重的问题是，一般人眼中的堕落，被苏格拉底"败坏"了的青年却视之为精神的上升。这更是危险中的危险。

阿波罗多洛斯的疯狂？

阿波罗多洛斯是一位狂狷者，无论《会饮》还是《斐多》都对此有所描述。阿波罗多洛斯的疯狂下面是否还藏有一颗柔弱的心？这不光是一个文本问题，而且是一个哲学问题。

这个问题的缘起在于对《会饮》中（173d）一个字眼的不同理解。我们从现有的几个中文译本的不同处理便可以看到这种不同理解。[5] 阿波罗多洛斯可怜完那位同志之后，人家有所回答，里边包含着对阿波罗多洛斯的形容。

不同的中文译本，传达了不甚一致的形容。

朱光潜译本：

> 亚波罗多洛，你还是那个老脾气，总是爱咒骂自己，又咒骂旁人！我看你以为一切人都是不幸的，只除掉苏格拉底。所以你的绰号是"**疯子**"，倒很名副其实。你说话确实像一个疯子，老是怨恨自己，怨恨旁人，只除掉苏格拉底！

王晓朝译本：

> 你又来了，阿波罗多洛！你老是喜欢咒骂自己，也咒骂其他所有人！我看你有一种过分的想法，认为世上所有人，除了苏格拉底，全都处在极度不幸之中——从你开始。这也许就是人们把你当**疯子**看待的原因，你老是怨恨自己，也怨恨其他所有人，当然了，苏格拉底除外。

王太庆译本：

　　阿波罗陀若啊，你永远是那个老样子。你总是责备你自己，责备别人，我看你是认为所有的人都十分可怜，包括你自己在内，只有苏格拉底不是这样。你怎么得到那个绰号，人家怎么叫你**软蛋**，我不知道。可是你的言论总是另外一个味儿，骂你自己，骂所有的人，只有苏格拉底除外。

刘小枫译本：

　　哎呀，你还是老样子，阿波罗多洛斯，总是责骂自己，责骂别人。我看哪，在你眼里，所有人、首先是你自己，都悲惨得很，只有苏格拉底除外。我真不知道，你怎么会得了个"黏乎乎"（τὸ μαλακὸς）的绰号。你说话总是这样，老怨自己、怨旁人，就不怨苏格拉底！

四段不同的中译文中，朱光潜和王晓朝译本译作"疯

三　阿波罗多洛斯的疯狂　/087

子"的地方，王太庆译为"软蛋"，刘小枫译为"黏乎乎"。刘小枫译文所附希腊原文说明了，其译文和王太庆译文只是译笔不同，实际上所遵循的读法则完全相同。

中译文的这种分歧也体现于不同的英译文中。比如说，纠微特（Benjamin Jowett）的相应译文为 Apollodorus the madman，汉密尔顿所编英文《柏拉图选集》中所含的乔伊斯（Michael Joyce）译文译为 you're mad，库珀（Johnm. Cooper）所编英文《柏拉图全集》中所含尼哈马斯（A. Nehamas）和伍德拉夫（P. Woodruff）译文译作 the maniac。[6] 这三种译法和中译文的头两种译法相同。与此不同，施特劳斯（Leo Strauss）将其他译者译作 mad 或者 maniac 的词译作 soft，其弟子伯纳德特（Seth Benardete)从师译作 softy。[7] 这两类不同的译法不是因为对同一个词的不同理解，而是因为对不同词的不同理解。这涉及文本的点校句读功夫。主要原因在于对这段文本的原文文字有两种不同的读法，一种读法认为应该是 τὸ μαλακὸς καλεῖσθαι，另一种读法则认为应该读作作 τὸ μανικὸς καλεῖσθαι。也就是说，根本的争议在于：应该是 μαλακὸς 还是 μανικὸς？如果采取前一种读法，那么就应该译作 soft 或者 softy（软心肠），如果是后者，那么应该译作mad或者maniac（疯子）。两种不同的读法都由来有自。"疯狂"读法在学者群体中支持者众多，包括伯瑞（J. B. Bury）和维拉莫威茨（Ulrich von Wilamowitz-Moellendorff）等人；但"柔弱"读法也不乏重量级支持者，包括伯内特（John Burnet）、弗里德兰德（Paul Friedländer）和弗里斯（G. J. de Vries），这些人都认为读作"柔弱"比读作"疯狂"更为恰切。[8]两种读法的分歧至今尚未有定论，而且肯定仍将延续下去。施特劳斯采用"柔弱"读法，但是也并非他的学生都跟随他的读法，比如罗森（Stanley Rosen）就赞同"疯狂"读法。[9]就中译本而言，朱光潜和王晓朝译本沿用的是"疯狂"（μανικòς）读法，而王太庆和刘小枫译本延续的则是"柔弱"（μαλακòς）读法。

阿波罗多洛斯应该被形容为"疯狂"还是"柔弱"？这两种不同读法肯定导致对文本的不同理解。如果读作疯疯癫癫，那么阿波罗多洛斯动辄就鄙夷别人（苏格拉底除外）鄙夷自己的表现恰恰确证了大家对他的形容。如果这么理解，那么这位同志的意思是说：阿波罗多洛斯啊，我不知道你为什么被人叫作疯子，不过从你的表现来看，这个叫法确实颇有道理。这是一种读法和理解。我们再来看另外一种理解，也就是"软弱"的读法。这种读法也通。阿波罗多洛斯是情感型的人，动辄就会哭哭啼啼。从这个角度来看，他不是一个硬汉，也不是一个不以物喜不以己悲、能够超脱情感而且非常理性的人，也就是说，他是一个心软之人。如果这么理解，那么那位同志的意思是说：阿波罗多洛斯啊，我不知道你为什么被人叫做软心肠，如果你真是如此，你怎么会如此粗野地鄙夷别人和自己。这样的表现，怎么会被人叫做一个软心肠的人？也就是说，阿波罗多洛斯的表现和大家对他的形容不相符合。

关于"疯狂"和"软弱"之争，纽曼（Harry Neumann）在一篇文章中提出了一个颇有意思的看法。纽曼认为，无论读作"疯狂"还是"软弱"，两种读法的实质区别不大。重要的是要认识到，爱作为一种激情本身包含着一种"疯狂"，正是这种疯狂使得沉浸在爱中的人软弱无力并且完全顺从其所爱。在这个意义上，疯狂就是软弱，软弱就是疯狂。纽曼也不忘指出，对于苏格拉底来说，仅当一个人所爱的对象不是知识的时候，由爱而生的"软弱"才应受指责。[10] 这个说法其实和《会饮》中阿波罗多洛斯的看法一致，只有哲学生活——也就是爱智慧的生活——才是真正值得过的生活。因哲学而生的疯狂和软弱是唯一无可厚非的疯狂和软弱。

纽曼这篇文章的主要目的在于为阿波罗多洛斯的激情辩护，无论这种激情被命名作疯狂还是软弱。由于阿波罗多洛斯生性容易激动，而且满怀狂狷之气，于是便令人产生这样的疑问：阿波罗多洛斯虽追随苏格拉底，他究竟能否体现或者折射苏格拉底的哲学精神？纽曼认为，阿波罗多洛斯的疯狂不但不与哲学精神相矛盾，而且恰恰与哲学精神相契合。换言之，哲学本身就是一种疯狂。若无这种疯狂，苏格拉底的哲学便不可能。阿波罗多洛斯对非哲学生活的轻蔑与苏格拉底的牛虻精神也正相吻合。只有拥有这种疯狂的人才能被引入哲学之道。根据这一角度，纽曼认为，阿波罗多洛斯恰恰因为其疯狂或者软弱而成为一个不折不扣的苏格拉底式哲学家。[11]

苏格拉底的魅术

普鲁塔克在其《小伽图传》中曾经提到阿波罗多洛斯

的疯狂。根据普鲁塔克的记载，对于阿波罗多洛斯来说，苏格拉底的言辞犹如强烈的葡萄酒，令其神魂颠倒从而陷入迷狂状态。[12]这个描述确证了《会饮》中阿波罗多洛斯对于苏格拉底和哲学的痴狂之情，同时也确证了这种疯狂的产生归功于或者说归咎于苏格拉底言辞本身的魅力。在《会饮》的结尾处，柏拉图通过阿尔基比亚德的酒后真言确认了苏格拉底语言的无边魅力。阿尔基比亚德还证实了阿波罗多洛斯所说的话：自从遇到苏格拉底之后，发现自己以前所过的生活完全没有意义。阿尔基比亚德说，每逢苏格拉底说话，他就心跳不已，完全被苏格拉底的言词所迷倒。苏格拉底的言词让他感到，"现在这样活着还不如不活"（216a）。所有这些都说明了，苏格拉底的语言对于听他说话的人来说具有一种不可抵挡的蛊惑力。

苏格拉底的语言魔法师角色在不同的柏拉图对话中都得到了确证。在《美诺》中，美诺就对苏格拉底说："苏格拉底啊，我在遇到你之前听说你总是自己处在困惑之中又使别人陷于困惑。现在我亲眼见到你**以你的魅力、你的法术、你的符咒**加在我的身上，使我完全困惑。"[13]在《斐多》中，苏格拉底临死前和朋友们谈及对死亡的恐惧问题。

朋友们要求苏格拉底说服他们不要恐惧死亡。苏格拉底开玩笑说，应该每天念咒，直到把对死亡的恐惧咒掉为止。其中一位朋友便说："苏格拉底呀，我们到哪里去找**会念这种咒的人**呢，因为你要离开我们了。"[14]

哲学家苏格拉底竟然是一个语言魔法师！[15]那么苏格拉底岂不是和智术师扮演着完全类似的角色？《智术之师》明确表明了，智术师是"魔术家"和"模仿者"，是一个"献戏法的人"。[16]如此说来，阿里斯托芬在《云》这部喜剧中将苏格拉底描述为首席智术师[17]，岂不是不但没有冤枉而且还如实描绘了苏格拉底？苏格拉底和智术师一样，是语言魔法师。如果苏格拉底是首席智术师，那么其语言魔法如此地令人神魂颠倒，仅仅是因为魔法本身的巧妙，还是因为其魔法中确实蕴含着令人难以忘怀的因素？黑格尔曾经说，苏格拉底和柏拉图虽然反对智术师，但他们反对智术师的目的不像正统派那样是"为了维护希腊的伦理、宗教、古老习俗"；而且，苏格拉底以及柏拉图和智术师之间具有深刻的共同点，这个共同点就是他们都"主张反思"，主张意识的决定作用。[18]这种反思和意识的决定作用，其魅力究竟何在呢？英国的著名文学批评家阿诺德

（Mathew Arnold）有一段跟《会饮》相关的说法，颇有启发性。这段话说明了苏格拉底作为语言魔法师究竟凭借什么东西如此令人神魂颠倒：

> 伯里克利数得上是人类最完美的演说家了，因为他将思想和智慧与感情和雄辩最完美地结合起来。然而，柏拉图让亚西比德〔阿尔基比亚德〕出场，通过他的嘴说出另一番话。他说人们听了伯里克利的演讲，说那很美，很好，但过后就不再想它了；可人们听了苏格拉底的演讲，却像有什么东西粘在脑中一样，挥之不去，令人神魂颠倒。苏格拉底喝下毒芹酒死去了，但是每个人的心里不都装着一个苏格拉底吗？那就是自由的思想，客观公允地检查自己固有的观念和习惯的能力；那位充满智慧的可敬之人毕其一生，不就是为我们树立了自由思想的榜样吗？这不就是他产生无可比拟的影响之秘密所在吗？[19]

如此说来，苏格拉底语言魔法的秘密在于其自由思想的精神。这种精神本质不顾社会伦理、宗教和习俗的权威，反过来主张将一切外在因素由意识反思这个尺度来衡量，从而使得固有的观念和习惯得到"客观而公允"的检查。从这个角度来看，苏格拉底和智术师一样，骨子里是知识分子群体里面的自由派。在苏格拉底这种反思的自我意识和自由的思想精神熏陶之下，阿波罗多洛斯才感觉大彻大悟，并因此视社会上的一般想法和观念为敝屣。阿里斯托芬在《云》中所描绘的苏格拉底既充分展现了意识反思的非凡魅力，也淋漓尽致地揭示了自由精神的疯狂。这种疯狂中蕴含着一种摧毁性的力量，具有洗心革面的强大作用。这一点从阿波罗多洛斯这个形象中也得到了明确的体现。

阿波罗多洛斯完全被苏格拉底俘虏，但是阿尔基比亚德企图逃避苏格拉底。阿波罗多洛斯只是一个普通公民，阿尔基比亚德则是一个政治家，而且是一个卓越的政治家。卓越的政治家需要理解苏格拉底，也需要警惕苏格拉底。政治家不能像一般公民一样被苏格拉底的言辞牵着鼻子走。政治家需要操心公共事务，甚至把整个人生都奉献给公共事务。没有卓越的政治家，就没有卓越的城邦。苏格拉底的魔力和危险在于他能让卓越的政治家阿尔基比亚德感到羞愧不已。阿尔基比亚德从苏格拉底那里领悟到哲学生活高于政治生活的道理，但他又无法放弃政治生活和城邦事务的荣光。阿尔基比亚德的卓越不光体现在他的政治和军事才能上，还体现在他是有耻的政治家。这种羞耻感是哲学家苏格拉底带给他的，就像一条毒蛇咬噬着他的心灵。他说，"哲学言论比毒蛇厉害得多，一旦它咬住一个年轻且资禀不坏的灵魂，就会任意支配这灵魂的所有言行"（218a）。阿尔基比亚德深受哲学疯狂所伤害，但恰恰是因为感受到这种深刻的伤害，他才能领会到政治生活的界限。这是《会饮》中的阿尔基比亚德和《高尔吉亚》中的卡利克勒斯之间的本质区别。卡利克勒斯是一个绝望的知识分子，他认为哲学类似于小孩子家的游戏。卡利克勒斯虽然不否认哲学有助于年轻人的成长教育，但也特别强调：谁要是成年了还念念不忘哲学，不仅可笑，而且纯粹属于找抽。[20] 与此相反，阿尔基比亚德虽然自陈深为哲学所伤，但是他对哲学仍有欲罢不能的深刻感情，因为知道哲学对于人间美好生活的重要性。他深知，哲学不可放弃。

结　语

阿尔基比亚德的颂词，是哲学从一个政治家那里所能接受的最高颂词。然而，这份颂词也是一种警告。首先，它是对哲学崇拜者的一种警告，苏格拉底那美好的灵魂需要他那强健的身体相匹配，否则苏格拉底就是阿里斯托芬《云》中所描绘的一个"面孔苍白"的知识分子而已。其次，它是对政治家的一种警告，政治家需要清楚地认识到哲学本身的高贵及其对政治的伤害。一个卓越的政治家不光要能够应付复杂的政治事务，而且应能够承受哲学之伤。最后，它是对年轻貌美的悲剧诗人阿伽通的一种警告。阿尔基比亚德强调，苏格拉底的才能，古往今来无人能出其右。阿伽通要和苏格拉底坐在一起，其结果如果不是被苏格拉底俘获，就是被苏格拉底的辩证法所伤害。所以，阿尔基比亚德在结束他的颂词之前，提醒阿伽通别和苏格拉底坐在一起，免得上了苏格拉底的当。和苏格拉底在一起，要么具备苏格拉底那超人般的强健体魄，才能承受苏格拉底式的哲学疯狂，要么因此堕落为四体不勤、"面孔苍白"

的一介书生，沉浸于"喋喋不休"和"没有意义的对话"。[21]

从阿尔基比亚德的颂词来看，苏格拉底不完全是一个书生意气的自由派，因为他拥有异乎常人的强壮身体，可以抵御常人不能抵御的饥寒困苦，也可以承受常人不能纵放自如的自由精神。只有清楚风暴的无情和人生的无助[22]，才能真正领会苏格拉底式哲学疯狂的意义。只有明白人间现实政治的悲哀无望，哲学精神才可以称得上是一种神圣的疯狂。

◆————

[1] 柏拉图其他文本中的阿波罗多洛斯，参《普罗塔戈拉》310a、316b、328d，《苏格拉底的申辩》34a、38b，《斐多》59a－b、117d。
[2] 柏拉图：《裴洞篇》，见于《柏拉图对话集》，王太庆译，北京：商务印书馆，2004年，59a7－b。同时参柏拉图：《斐多》，杨绛译，沈阳：辽宁人民出版社，2000年，第4页。"我想到苏格拉底一会儿就要死了，我感到的是一种不同寻常的悲喜交集。当时我们在场的一伙人心情都很相像。我们一会儿笑，一会儿哭，尤其是阿波〔罗多洛斯〕——你认识他，也知道他的性格。"

[3] 柏拉图:《裴洞篇》,见于《柏拉图对话集》,117c7-d7。同参柏拉图:《斐多》,第99-100页。

[4] 色诺芬:《回忆苏格拉底》,吴永泉译,北京:商务印书馆,1984年,第27页。

[5] 参柏拉图:《文艺对话录》,朱光潜译,北京:人民文学出版社,1963年,第211-292页;《柏拉图全集》(二),王晓朝译,北京:人民出版社,2003年,第205-269页;《柏拉图的〈会饮〉》,刘小枫等译,北京:华夏出版社,2003年,第1-119页;《柏拉图对话集》,王太庆译,北京:商务印书馆,2004年,第288-352页。

[6] Plato, *The Dialogues of Plato*, trans. Benjamin Jowett, Chicago: Encyclopaedia Britannica, 1952, 149-173; Michael Joyce 的译文收入 *The Collected Dialogues of Plato*, edited by Edith Hamilton and Huntington Cairns, Princeton: Princeton University Press, 1961, 526-574; A. Nehamas 和 P. Woodruff 的译文收入 Plato: *Complete Works*, edited by John M. Cooper, Indianapolis: Hackett, 1997, 457-505。

[7] Leo Strauss, *On Plato's Symposium*, Chicago: The University of Chicago Press, 2001, 23; Plato, *Plato's Symposium*, trans. Seth Benardete, Chicago: The University of Chicago Press, 1993, 1-54.

[8] 两种观点交锋的一个例子,参 J. D. Moore, "The Philosopher's Frenzy," *Mnemosyne* 4: 22: 3(1969): 225-230; G. J. de Vries, "The Philosopher's Softness," *Mnemosyne* 4: 22: 3(1969): 230-232。.

[9] Stanley Rosen, *Plato's* Symposium, 2nd edition, New Haven: Yale University Press, 1987, 14, n34.

[10] Harry Neumann, "On the Madness of Plato's Apollodorus," *Transactions and Proceedings of the American Philosophical Association*, vol. 96 (1965): 283-289, at 288.

[11] Harry Neumann, "On the Madness of Plato's Apollodorus," *Transactions and Proceedings of the American Philosophical Association*, vol. 96 (1965): 285, 289.

[12] Plutarch, *The Lives of the Noble Grecians and Romans*(The Dryden Translation), Chicago: Encyclopaedia Britannica, 1952, 637-638.

[13] 柏拉图:《美诺》,见于《柏拉图对话集》,80a(粗体为引者所加)。

[14] 柏拉图:《裴洞篇》,见于《柏拉图对话集》,77e-78a(粗体为引者所加)。

[15] 关于苏格拉底语言魔法的一个精彩分析,见格里马尔迪:《巫师苏格拉底》,邓刚译,上海:华东师范大学出版社,2007年。

[16] 柏拉图:《智术之师》,见于《泰阿泰德 智术之师》,严群译,北京:商务印书馆,1964年,234e-235a。

[17] 阿里斯托芬:《云》,见于《阿里斯托芬喜剧六种》(《罗念生全集》第四卷),罗念生译,上海:上海人民出版社,2007年,第157-261页。

[18] 黑格尔:《哲学史讲演录》(第二卷),贺麟、王太庆译,北京:商务印书馆,1960年,第40-41页。

[19] 阿诺德:《文化与无政府状态》,韩敏中译,北京:生活·读书·新知三联书店,2008年,第179页。

[20] Plato, *Gorgias*, 484c-e, 485a-d.

[21] 阿里斯托芬：《云》，见于《阿里斯托芬喜剧六种》（《罗念生全集》第四卷），第164页（第102－103行）；《蛙》，见于《阿里斯托芬喜剧六种》（《罗念生全集》第四卷），第462－463页（第1490－1499行）。
[22] 参卢克莱修：《物性论》，邢其毅译，北京：北京大学出版社，2007年，第88页。

四
爱若斯和阿佛洛狄忒

《会饮》是唯一一部以对话所发生的机缘而命名的柏拉图作品。这个机缘就是一次会饮，一场宴会。宴会的因由是庆祝新潮悲剧诗人阿迦通获得了年度戏剧大奖。这场庆祝宴会是头天晚上公共庆典的一个延续。同时，也是一个分别。有别于头天晚上的公共庆典，参加这场宴会的人都是受到主人邀请的名流嘉宾。[1] 所以，这不仅是发生在桂冠诗人院墙里面的一场私人聚会，而且是一场高级知识分子的私人聚会。这场宴会的私人性质一定程度上左右了其主题。

《会饮》中的会饮

古希腊庆祝宴会的一般顺序首先是嘉宾到场盥洗入席，然后是祭献神灵，而后是用餐。饱食之后，会饮的主要节目才真正开始：饮酒赏乐，直至通宵达旦。[2] 然而，当晚到场嘉宾以口头民主表决的方式，改变了庆祝宴会的性质。他们通过了两个决议。一个决议是否定性的，另一个则是肯定性的。否定性决议的主旨在于当晚不再像寻常的会饮那般饮酒作乐。这意味着对酒神的拒绝。拒绝酒神的明显理由是他们头天晚上在公共庆典上已经喝多了。不光酒量小的嘉宾（斐德若、厄里克希马库斯、阿里斯托得谟斯），连酒量颇高的嘉宾（泡撒尼阿斯、阿里斯托芬、阿迦通）也都表示难以承受酒神的再次袭击。拒绝酒神的科学理由则是喝酒过量不利于身体健康，这是医生厄里克希马库斯所提供的理由。

至于为什么拒绝已经到场为嘉宾纵情声色的笛女，主持决议的厄里克希马库斯并没有直接给出解释。在柏拉图的另一部作品中，苏格拉底从俗雅异趣的角度为拒绝笛女提供了一种解释：只有庸俗之徒的宴会才招来笛女作乐。他说，庸俗之徒"在喝酒的时候，由于愚昧的缘故，不能用他们自己的声音相互交谈或者相互娱乐，于是出重金从市场上招来一些笛女，购买大量的笛音来代替自己的言语，以此作为交际手段。但在真正的上流人和有教养者的集会上，你就看不到笛女、舞女或者琴女；他们不瞎扯，不胡闹，用自己的语言从容交谈，在交谈中挨次发言，即使喝酒没有限制，也还是丝毫不乱秩序"（《普罗泰戈拉》，347c‐e）。会饮当晚嘉宾既然都是名流绅士，自然不屑于饮酒作乐的庸俗方式。这也就自然地引出了诸君子一致同意的肯定性决议：今晚将是优雅的言谈之夜，属于语言，属于逻各斯。

当晚的肯定性决议就是倡议用语言礼赞爱若斯。这个提议最初出自斐德若。其理由主要有二。其一，就神而言，众神皆得诗人颂扬，唯独了不起的爱若斯遭到了遗忘。其二，就颂辞而言，连盐都有人颂扬，却没有颂扬爱若斯的辞章。斐德若的抱怨多少说明爱若斯当时可能尚未跻身众神之列，因此而未获诗人青睐和颂扬。厄里克希马库斯转述斐德若的抱怨之时，却明确强调爱若斯是一个"了不起的神"。如此看来，对当晚这一干人来说，爱若斯尚未拥有本应拥有的重要地位。换句话说，礼赞爱若斯的初衷就在于确立爱若斯的神性及其在众神中的重要地位。提议的强烈程度决定了提议的革命力度。如果这个提议只是确认爱若斯的神性，那么只不过意味着将爱若斯列入众神谱系而已。如果这个提议的最终目的在于确认与强调爱若斯实际上是众神之首，那么就意味着这个提议旨在从思想上引发神灵信仰体系的一场革命。从文本整体来看，后者才是这次会饮的真正目的。所以，这不是一次普通的会饮，而是一次文化名流的言谈之夜。这是一场思想革命的前夜，是一场拥立爱若斯为众神之神的夜晚。

《会饮》中，这场名流会饮中还套着另一场会饮，那就是诸神的会饮。这场诸神会饮的故事由第俄提玛提供，苏格拉底转述。第俄提玛讲述了爱若斯诞生的故事。诸神会饮的缘由是庆祝阿佛洛狄忒的降生。这个故事坚持了荷马文本中关于阿佛洛狄忒的描述，也就是坚持了阿佛洛狄忒是宙斯的女儿，由狄俄涅所生。这也就说明阿佛洛狄忒是两性交合所生。为了庆祝阿佛洛狄忒出生，众神会饮庆祝。丰盈神醉倒在宙斯的花园里，贫乏女神趁机与他交合，于是怀上爱若斯。这里强调，和阿佛洛狄忒一样，爱若斯也是两性交合所生。第俄提玛的故事还特别强调阿佛洛狄忒的美和爱若斯的天性爱美。第俄提玛所讲的故事说明，爱若斯的诞生和阿佛洛狄忒的诞生有着极为密切的关系。没有阿佛洛狄忒的诞生，便没有爱若斯的诞生。神界的会饮主要是为了庆祝阿佛洛狄忒的诞生，人间的会饮则主要是为了庆祝爱若斯的诞生，而且是具有思想史意义的诞生。

总而言之，《会饮》中记述了两场会饮。一场是奥林波斯山诸神的会饮，为庆祝阿佛洛狄忒的诞生。另一场则是雅典名流的会饮，为爱若斯正名。换言之，是为了确立爱若斯的主神地位。无论如何，文本的一个基调是：没有阿佛洛狄忒，就没有爱若斯。要想理解爱若斯的重要性，还得从阿佛洛狄忒开始。因此，我们还是从文本中的阿佛洛狄忒开始。

《会饮》中的阿佛洛狄忒

《会饮》中，阿佛洛狄忒这个名字的首次出现，乃出自苏格拉底之口。苏格拉底提到阿佛洛狄忒，意在表达他完全支持当晚的肯定性提议。更为准确地说，苏格拉底给出了在场人士不会反对的理由。他特别明确了两点。第一，他自己不会反对礼赞爱若斯，因为他自己一无所知，除了爱若斯。第二，阿里斯托芬也不会反对，因为阿里斯托芬的全部时光都奉献给了狄俄尼索斯和阿佛洛狄忒（177e）。由于这一缘故，阿里斯托芬不会反对当晚颂扬爱若斯。苏格拉底的说法暗示了爱若斯与"狄俄尼索斯和阿佛洛狄忒"或者至少是与"阿佛洛狄忒"之间的密切关系。至于爱若斯和阿佛洛狄忒究竟是怎么样的一种关系，苏格拉底此刻并没有加以说明。不过，苏格拉底的说法倒是明确了一点：苏格拉底深知爱若斯，阿里斯托芬则熟知阿佛洛狄忒。要想搞清楚哲学家苏格拉底和诗人阿里斯托芬在思想上是一种什么关系，在一定程度上取决于搞清楚《会饮》中的爱若斯和阿佛洛狄忒之间究竟是一种什么关系。

纵观整个文本，阿佛洛狄忒在泡撒尼阿斯的颂词中得到最为集中的呈现。泡撒尼阿斯明确了两点意思。首先，没有阿佛洛狄忒就没有爱若斯。泡撒尼阿斯没有解释为什么这么说，只是把这一点作为共同常识提出。其次，泡撒尼阿斯指出，有两个阿佛洛狄忒，因此也需要区分两个爱若斯。他提到的两个阿佛洛狄忒,一个属天,一个属世。

属天的阿佛洛狄忒的文本渊源,出自赫西俄德的《神谱》。根据赫西俄德所记载的神话,胸怀宽阔的大地该亚生了天神乌兰诺斯,大地又与天神交合,生育众多神灵,包括三个"强劲得无法形容"而且"目空一切"的儿子。乌兰诺斯憎恶他的这些"可怕的"儿子,于是把他们藏到大地的隐秘处。广阔的大地因此受到挤压而内心悲伤,于是鼓动儿子们去惩罚他们的父亲乌兰诺斯。最小的儿子克洛诺斯答应他母亲实施她的计划。克洛诺斯最小但最可怕、"狡猾强大"而且"憎恨他那性欲旺盛的父亲"。于是,当夜幕降临,广天乌兰诺斯"渴望爱情,拥抱大地该亚"之际,"克洛诺斯用燧石镰刀割下其父的生殖器,把它扔进翻腾的大海后,这东西在海上漂流了很长一段时间,忽然一簇白色的浪花从这不朽的肉块周围扩展开去,浪花中诞生了一位少女。……由于她是在浪花('阿佛洛斯')中诞生的,故诸神和人类都称她阿佛洛狄特(即'浪花所生的女神')……无论在最初出生时还是在进入诸神行列后,她都有爱神厄罗斯和美貌的愿望女神与之相伴。"[3]泡撒尼阿斯说没有阿佛洛狄忒就没有爱若斯,或典出于此。

属世的阿佛洛狄忒的文本渊源，出自荷马史诗。荷马明确指出，阿佛洛狄忒是宙斯之女，狄俄涅所生。[4] 据荷马史诗所载，阿佛洛狄忒是"司美的女神"，（如宙斯所言）"专管可爱的婚姻事情"。[5]（如天后赫拉所言）阿佛洛狄忒拥有"征服不朽的天神和有死的凡人的能力"，即爱情和媚惑；她的魔法里"有爱情、欢欲，还有蜜语甜言，那言语能使聪明人完全失去智力"。[6] 在《奥德赛》中，歌人还弹琴歌唱了宙斯的女儿阿佛洛狄忒和毁灭之神阿瑞斯的爱情。在这段歌唱中，身为匠神赫菲斯托斯之妻，阿佛洛狄忒却常常在家中和战神阿瑞斯幽会。太阳神窥见二者偷情，于是告知赫菲斯托斯。匠神心中怨恨，于是锻造了一张"扯不破挣不开的罗网"布在床的四周，细密如蛛丝却不可见。待阿佛洛狄忒和阿瑞斯上床寻欢之时，罗网从四周罩下，使他们完全无法动弹。于是，赫菲斯托斯在其大宅门口向宙斯和诸神控诉。赫菲斯托斯的怒吼主要包含三点意思。第一，阿佛洛狄忒一贯轻视她的丈夫而喜欢阿瑞斯，因为阿瑞斯"漂亮又健壮"，赫菲斯托斯却天生跛足因而孱弱。赫菲斯托斯声称，天生孱弱并不是他的过错而是他父母的过错。第二，赫菲斯托斯认为，他们俩不会这样长久躺卧，因为已经被他的罗网捆住。第三，赫菲斯托斯要求宙斯退还聘礼，因为"他的女儿确实很美丽，但不安本分"[7]。

从属天和属世两个阿佛洛狄忒之分的文本渊源来看，属天的阿佛洛狄忒非两性交合所生，属世的阿佛洛狄忒则是两性交合而生。泽特兰（Froma I. Zeitlin）认为，阿佛洛狄忒从浪花中诞生意味着"乌兰诺斯在即将毁灭的瞬间向女性的生殖能力提出最初的挑战"。也就是说，阿佛洛狄忒的诞生意味着男性在繁衍、孕育和诞生方面向女性的挑战。在神话谱系中，这一挑战收获了最终的胜利。这种最终的胜利体现在宙斯吞下了墨提斯并从他的头颅中生出雅典娜的神话。由于墨提斯的智慧胜过众神和凡人，宙斯怕她生出拥有比霹雳还要厉害的武器的孩子，[8]于是吞食了墨提斯，而从宙斯的头颅中生出了女儿雅典娜。这样，宙斯确保了自己的永恒地位："只有通过这样的方式，宙斯才能确定自己的永恒权力。也就是说，宙斯必须结束神祇世界父子传承的繁衍规则，并且把女人兼具身体和心智两方面的繁衍能力占为己有，才能巩固他的父权，或者更确切地说，才能确立他在众神中的统治地位。"[9]属天和属世阿佛洛狄忒的根本区别在于前者只涉及男性力量，后者则涉及两性，是两性交配的产物；换句话说，前者不涉及女性因素，后者则涉及女性因素。从这个角度来看，属天的阿佛洛狄忒的诞生意味着男性统治地位的开端。泡撒尼阿斯讲辞对两个阿佛洛狄忒的扬抑正体现了对男女两性力量的扬抑。

泡撒尼阿斯区分了两个阿佛洛狄忒，并据此区分了两个爱若斯。在泡撒尼阿斯之后，厄里克希马克斯没有直接提到阿佛洛狄忒，连苏格拉底认为与阿佛洛狄忒联系非常紧密的阿里斯托芬也没有直接提到阿佛洛狄忒。直到阿迦通讨论爱若斯的勇敢德性之时，阿佛洛狄忒的名字才再次在文本中出现。通过描述阿瑞斯和阿佛洛狄忒之间的恋情，阿迦通说，连战无不胜的阿瑞斯也为爱若斯所俘虏，由此可见爱若斯之勇无可匹敌（196d）。从阿迦通的讨论来看，他显然完全忽略了泡撒尼阿斯所赞美的属天的阿佛洛狄忒，而直接将阿佛洛狄忒等同于荷马文本渊源的阿佛洛狄忒。这一点在苏格拉底（或者第俄提玛）的发言中得到了毫无疑虑的坚持，尽管苏格拉底在许多方面都对阿迦通的讲辞表示了不满意。苏格拉底的这一坚持具体表现在他转述了第俄提玛所讲述的阿佛洛狄忒之诞生和爱若斯之孕育的故事。从泡撒尼阿斯到阿伽通再到苏格拉底在这一问题上的转化说明，泡撒尼阿斯所坚持的两个阿佛洛狄忒之分和两个爱若斯之分逐渐被阿佛洛狄忒和爱若斯之分所取代。在这后一区分中，爱若斯取代了前一个区分中属天阿佛洛狄忒的位置，阿佛洛狄忒则仅在属世意义上使用。

爱若斯的诞生

在《会饮》中，可以发现多处讨论直接或者间接涉及爱若斯和阿佛洛狄忒的密切关系。首先，苏格拉底为了说明阿里斯托芬不会反对当晚赞颂爱若斯，指出阿里斯托芬终日与阿佛洛狄忒为伍。其次，泡撒尼阿斯明确提出，没有阿佛洛狄忒就没有爱若斯。再次，阿迦通在讨论爱若斯的勇敢德性时，提到阿瑞斯为阿佛洛狄忒所俘虏。最后，苏格拉底（第俄提玛）所讲述的故事说明，爱若斯受孕于阿佛洛狄忒诞生之日。

苏格拉底和阿迦通都坚持阿佛洛狄忒的荷马文本渊源，无视阿佛洛狄忒的赫西俄德文本渊源。苏格拉底（第俄提玛）的叙述还否认了赫西俄德关于爱若斯问题的一系列重要观点。在叙述诸神谱系的初始之时,赫西俄德指出:"最先产生的确实是卡俄斯(混沌),其次便产生该亚——宽胸的大地,所有一切〔以冰雪覆盖的奥林波斯山峰为家的神灵〕的永远牢靠的根基,以及在道路宽阔的大地深处的幽暗的塔尔塔罗斯、爱神厄罗斯——在不朽的诸神中数她最美,能使所有的神和所有的人销魂荡魄呆若木鸡,使他们丧失理智,心里没了主意。"[10]斐德若缩引了赫西俄德的这句话来证明爱若斯的古老性(178b)。《会饮》中斐德若对赫西俄德和巴门尼德的称引也同样为亚里士多德所引用。在《形而上学》中,亚里士多德梳理了哲学史上关于万物成因的学说史,并引用赫西俄德和巴门尼德的文字来说明,他们最早将"爱若斯"作为现存万物的原理;亚里士多德将这一原理归结为万物动因的一种观点。[11]无论《会饮》中斐德若的观点还是亚里士多德的概括,两者都认为,赫西俄德的文本说明了爱若斯在神灵谱系中的悠久性。斐德若还特别根据从无文本提到爱若斯的父母这一个事实来强调爱若斯的古老和悠久。这一观点被阿迦通否认,会饮当晚的主人阿伽通认为,爱若斯不是最古老的而是最年轻的主神。在这一点上,阿迦通的观点显然也得到了苏格拉底的部分支持。苏格拉底转述第俄提玛所讲述的爱若斯和阿佛洛狄忒的故事表明,爱若斯在宙斯之女阿佛洛狄忒出生之日孕育。这就表明,爱若斯在宙斯确立他的永恒统治地位很久之后才得以孕育和出生。在这一点上,苏格拉底和阿迦通一样认为,爱若斯是年轻的而非古老的。

无论斐德若所引的赫西俄德文本还是阿迦通的讲辞,都强调了爱若斯无与伦比的美。苏格拉底则通过与阿迦通的辩驳强调,爱若斯实际上缺乏美(201a-c),但是他同时也强调爱若斯生性爱美。这一强调的原因在于阿佛洛狄忒美得无以复加,而爱若斯恰在阿佛洛狄忒出生的日子得以孕育(203c)。这里,苏格拉底第一次明确了阿佛洛狄忒和爱若斯究竟是一种什么样的关系。首先,爱若斯在阿佛洛狄忒出生之日孕育;其次,阿佛洛狄忒是美的化身,爱若斯在美神生日孕育,故而生性爱美。这一点也否定了赫西俄德文本中强调爱若斯之美的观点。

苏格拉底转述的爱若斯故事还有一个地方与赫西俄德的《神谱》完全相反。根据苏格拉底的故事,爱若斯不光后起,而且有父有母:父为波若斯〔丰盈〕,母为珀尼阿〔贫乏〕。这个故事还特别强调,波若斯是墨提斯〔聪明〕

的儿子。根据赫西俄德的《神谱》，墨提斯是宙斯的首任妻子，是"神灵和凡人中最聪明的"。墨提斯在怀有雅典娜之时被宙斯吞进了肚子里。宙斯之所以这么做，是因为听了广天乌兰诺斯和大地该亚的忠告，以免他被自己的儿子取代而失去永生神灵的统治地位。根据乌兰诺斯和该亚的忠告，墨提斯会生下绝顶聪明的孩子。第一个是雅典娜，而后将生一个儿子做"众神和人类之王"。因此之故，宙斯抢先将怀有雅典娜的墨提斯吞进肚子里，从而可以让聪明女神在他的身体里为他出谋划策。由于墨提斯被吞之时怀有雅典娜，雅典娜最终从宙斯的头脑中生了出来，"在力量和智慧两方面都与她的父王相等"。[12]根据赫西俄德的《神谱》，墨提斯被宙斯吞食之后，留在了宙斯的肚子里，从而也就不可能再孕育和生产可以取代宙斯做"众神和人类之王"的儿子。如此，墨提斯不可能再有儿子。[13]然而，苏格拉底转述第俄提玛讲述的故事却说，波若斯是墨提斯的儿子，而爱若斯是波若斯和珀尼阿的儿子。

假如苏格拉底转述的故事是要延续奥林波斯神王的世代更替（克罗诺斯取代乌兰诺斯，宙斯取代克罗诺斯），根据乌兰诺斯和该亚的预言，墨提斯的儿子波若斯应该取代宙斯而成为众神之主。依照这个逻辑，岂非意味着爱若斯应该是未来的众神之主？当然，这些都只是围绕着赫西俄德神谱故事的假想。不过，这也不是随意的假想。阿迦通讲辞所要强调的正是这一思路。阿迦通指出，赫西俄德（和巴门尼德）所讲诸神的故事发生在命定神统治时期。那已经是过去的时代。现今的时代则是爱若斯统治时期。自爱若斯成为众神之王之后，诸神之间就不再有残杀、囚禁和各种暴行，而是"相互友爱、和平共处"（195c）。爱若斯既然是众神之王，自然也是众人的主宰。从这一点来看，阿迦通关于爱若斯的讲辞实际上具有相当重要的转折意义。如此看来，并不像许多《会饮》的评注家所认为的那样，阿伽通的讲辞虽然言辞华丽但是内容空洞。阿伽通讲辞强调，爱若斯应当取代传统的奥林波斯山神灵而成为新一代神灵之王。在阿伽通这里，《会饮》中雅典名流的会饮已经显露了它最直白的目的：拥立爱若斯为新一代众神之首、众人之王。

那么，苏格拉底转述的故事是要延续阿迦通的思路，拥立爱若斯为神人共主吗？从文本细节来看，这个问题看起来似乎有些荒谬。苏格拉底否认爱若斯是一个神灵，而明确指出爱若斯是居于神人之间的精灵（202b–e）。但是这一否定和肯定并不必然取消阿迦通的主张和立场。苏格拉底（第俄提玛）确实否认爱若斯是一个神。但是，假如神灵主要指奥林波斯山上的神灵，那么否认爱若斯是一个神就等于否认爱若斯是一个奥林波斯神。根据苏格拉底，人神本不往来，是作为精灵的爱若斯促成了人神之间的沟通和交谈（202e－203a）。这一观点实际上延伸了阿迦通的观点——爱若斯治下的诸神相互友爱、和平共处，点出了爱若斯实际上促成了人神之间的友爱和和平。强调了爱若斯的这一能力之后，文本才转向爱若斯在阿佛洛狄忒出生之日孕育的故事。所有这些迹象都表明，苏格拉底（第俄提玛）的爱若斯是年轻的，因为他出生在后宙斯时代；爱若斯是爱美的，因为他在阿佛洛狄忒诞生的日子里得到孕育；爱若斯促成了诸神、人神之间的沟通和交流，因为他催生友谊与和平。

爱若斯和阿佛洛狄忒

关于爱若斯和阿佛洛狄忒，或者用拉丁语系的表述，关于丘比特和维纳斯，传统上有众多说法。根据西塞罗的描述，在混乱不堪的宗教传说中有四位维纳斯和三位丘比特。其中，第二位维纳斯（降生在浪花之中）和第三位维纳斯（朱庇特和狄俄涅所生，伏尔甘之妻）与我们的文本相关；三位丘比特则分别是第一、二、三位维纳斯之子。[14]从这一点来看，所有这三位丘比特都与《会饮》中苏格拉底所描述的爱若斯（波若斯和珀尼阿之子）无关。[15]不过，宗教传说尽管混乱，哲学家们还是孜孜不倦地对这些说法进行系统的理性化解释。在讨论《会饮》中爱若斯诞生的故事之时，普鲁塔克将波若斯解释为"值得被爱、被渴望的第一位的善（le premier bien）"，也就是"完美和自足的第一本原"；将珀尼阿比喻为物质，"不具备任何长处"并且始终希望获取。物质与完善所生的孩子爱若斯就是"世界"。他不像他父亲那样永恒自足，也不像他母亲那样永远缺乏。他的特点是"永远再生"和"不断变化"。[16]新柏拉图主义者普罗提诺也对这个故事作了理性化的解释，将阿佛洛忒忒理解为灵魂，将波若斯理解为灵魂的理性原则，将珀尼阿理解为匮乏的质料。爱若斯主要"因灵魂渴望至高者和至善者"而进入存在。[17]诸如此类然而不尽相同的理性化解释，也可见于文艺复兴时期的柏拉图主义者费奇诺的注疏。[18]

在《论古人的智慧》中，现代哲学家培根对比了新老爱神特征的转换。赫西俄德文本中所描述的与混沌之神卡俄斯同时、最为古老的神灵爱若斯，培根称之为老爱神；众神中最年轻的、阿佛洛狄忒的儿子爱若斯，培根称之为丘比特。老爱神有四个特征：永远是个幼儿、双目失明、全身赤裸、擅长射箭。后来，人们把老爱神的特征转给了丘比特。培根把爱神理解为"原初物质的本能"或者说"原子的自然运动"，这种运动"从物质中构建出万事万物并加以形塑"。从这一个角度，培根将丘比特及其特征理解为物质的基本微粒原子及其运动方式。在文章的结尾，培根转而如此形容维纳斯和丘比特的关系："维纳斯激起结合与生育的普遍欲望，她的儿子丘比特把这种欲望应用于个体。因此，一般的性情来自于维纳斯，具体的共鸣情感则来自于丘比特。"[19] 换言之，维纳斯体现了结合与生育的一般欲望，丘比特则是这一一般欲望在某个个体身上的具体化。培根关于丘比特及其与维纳斯之关系的解释十分独特。但是，他关于诸多神话人物象征意义的解释，也有一定的随意性。在讨论曾经刺伤阿佛洛狄忒的狄俄墨德斯这一形象时，培根又认为"维纳斯体现了愚蠢、邪恶、臭名昭著的教派"。[20]总体上来说，培根的讨论对于我们目前的任务（理解柏拉图的文本）来说可能也提供不了实质性的帮助。

究竟应该如何理解《会饮》中阿佛洛狄忒和爱若斯之间的关系呢？

哲学的理性化解释既然帮助不大，也许我们可以求助于宗教史方面的研究。首先，还是需要回到文本。《会饮》中分别涉及来自赫西俄德文本和来自荷马文本的阿佛洛狄忒。就爱若斯而言，则只有赫西俄德的文本来源。在荷马的文本中，没有任何关于爱若斯的记载。对于荷马来说，阿佛洛狄忒就是主宰情爱之神。也就是说，荷马并不认识爱若斯这个神灵。在荷马史诗中，连阿佛洛狄忒也"显然是奥林波斯山上新来乍到的神，几乎不被众神所接受，全然是个陌生者，时刻准备离开"[21]。但是，阿佛洛狄忒始终保持她作为女神的地位。根据赫丽生（J. E. Harrison）的解释，阿佛洛狄忒女神地位的保持，其根据在于"生命的神秘和传承生命的爱情的神秘依然存在"。[22]用当代宗教思想史家伊利亚德（Mercea Eliade）更为直白的话来说，阿佛洛狄忒"所唤起、赞美和保护的是物质的爱,是肉体的结合。在这个意义上,我们或许可以说,正是因为阿佛洛狄忒,才使希腊人重新发现了原始性冲动的神圣特性"。伊利亚德甚至把阿佛洛狄忒理解为希腊人对"性爱的一种宗教的辩护"的象征。更为重要的是,他还指出,"爱情的诸多精神资源,则会被其他神灵所支配,尤其是爱若斯(eros)"[23]。

伊利亚德的论断表明,阿佛洛狄忒代表对肉体结合和性爱的宗教辩护,爱若斯则更多地象征精神方面的结合。不过,伊利亚德没有进一步揭示阿佛洛狄忒和爱若斯的这一分野在思想史上究竟意味着什么。在这一点上,赫丽生的分析能够提供更多的启发。根据赫丽生的分析,希腊宗教有一个从奥林波斯神崇拜到希腊秘仪宗教(狄俄尼索斯崇拜及其深化形式俄尔甫斯教)的深化过程。赫丽生尤其强调了爱若斯的俄耳甫斯教特征,并指出柏拉图深受俄耳甫斯教思想的影响,尤其在灵魂的内在净化这一方面,尽管柏拉图反对俄尔甫斯教的阴暗面。[24]赫丽生通过希腊瓶画所刻画的爱若斯形象分析了爱若斯的俄耳甫斯教特征:"在希腊人的心目中,这种爱是严肃而美丽的心灵之爱,而不是肉体之爱。如柏拉图所说,它超越平凡之物,超越一般的男欢女爱。对他来说，这种爱情似乎是灵魂深处的炽热之情，在这种白热化的情感面前，肉体也会沉默地退缩。"[25] 所以，爱若斯对阿佛洛狄忒的取代意味着宁静节欲的灵魂之爱对难以抑制的肉体之爱的取代。

结 语

《会饮》中对爱若斯的最终礼赞确实树立了一种有别于肉体欲望和一切尘世欲望的爱的观念传统。这一观念通常被指认为柏拉图式的爱。不过，柏拉图在歌颂爱若斯的同时，并没有忽略阿佛洛狄忒。毕竟，阿佛洛狄忒出生在先，爱若斯孕育在后。与阿佛洛狄忒相关的是肉体的生殖与繁衍，与爱若斯相关的则是灵魂的生殖与繁衍。在《性经验史》中，福柯详细地分析了性爱（aphrodisia）——也就是与阿佛洛狄特相关的活动——在西方思想史中的概念变迁。他敏锐地指出："对于柏拉图来说，真正爱情的本质特征并不是排斥肉体，而是透过对象的各种表象，与真理发生关系。"他同时指出，这种由真理取向构建而成的新的爱观念提出了"否弃'性活动'（aphrodisia）的原则"。[26] 换句话说，柏拉图把"爱欲的压抑性定义引进了西方文化"。[27]不过，就阿佛洛狄忒和爱若斯的复杂关系而言，福柯并没有给出太多具体解释。福柯指出，苏格拉底—柏拉图以一种新的方式提出了什么是真正意义上的爱的问题，但在结合《会饮》讨论柏拉图的爱观念时，福柯似乎没有意识到，正是通过爱若斯对阿佛洛狄忒的取代，柏拉图得以确立了其以灵魂和真理为导向的爱观念。在确立其真正的爱若斯传统时，柏拉图始终关心这样的问题：什么样的灵魂才算是既美且好的灵魂？只有把握了爱若斯和阿佛洛狄忒之间的联系和对立，才能真正理解《会饮》的意图及其所倡导的爱欲观念。

◆───────

[1] 当然，阿里斯托得谟斯是一个例外。他并没有接到主人阿迦通的邀请。但是，他的偶像苏格拉底——当晚受邀嘉宾之一——向他发出了邀请。他后来也体面地得到了主人阿迦通的礼遇。
[2] 利希特：《古希腊人的性与情》，刘岩等译，桂林：广西师范大学出版社，2008年，第141页："聚众饮酒，也就是飨宴的真正部分，要等到餐后才开始。通常，通过掷骰子选出一个主持人，即

所谓的 *Symposiachos* 或 *Basileus*,所有喝酒的人都得听他安排。"

[3] 赫西俄德:《神谱》,张竹明、蒋平译,北京:商务印书馆,1991年,第187—206行。

[4] 荷马:《伊利亚特》,罗念生、王焕生译,北京:人民文学出版社,1994年,第三卷第370—375行、第五卷第130—135行、第345—350行、第370—375行。

[5] 荷马:《伊利亚特》,第五卷第245—250行、第425—430行。

[6] 荷马:《伊利亚特》,第十四卷第195—200行、第215—220行。

[7] 荷马:《奥德赛》,王焕生译,北京:人民文学出版社,1997年,第八卷第266—369行。

[8] 赫西俄德:《神谱》,第929行。

[9] 泽特兰:《女人的起源与最初的女人:赫西俄德的潘多拉》,见于德拉孔波等:《赫西俄德:神话之艺》,吴雅凌译,北京:华夏出版社,2004年,第125页。

[10] 赫西俄德:《神谱》,第116—123行。

[11] 亚里士多德:《形而上学》,吴寿彭译,北京:商务印书馆,1959年,984b21—30。

[12] 赫西俄德:《神谱》,第886—900行、第929行。

[13] 参 R. L. Mitchell, *The Hymn to Eros: A Reading of Plato's* Symposium, Lanham: University Press of America, 1993, p. 123。作者敏锐地指出了墨提斯之子的不可能性,只可惜止步于此,没有进一步的深入分析。

[14] 西塞罗:《论神性》,石敏敏译,上海:上海三联书店,2007年,第134—135页。

[15] 在《斐德若篇》中,柏拉图通过苏格拉底和斐德若的对话也曾

提到，根据传说，"阿佛洛狄忒的儿子"爱若斯是一个神。《斐德若篇》说明，根据传说，爱若斯由阿佛洛狄忒所生；《会饮》的故事则说明，爱若斯因阿佛洛狄忒之生而得以孕育。参柏拉图：《斐德若篇》，朱光潜译，北京：商务印书馆，2018年，242d。

[16] 普鲁塔克：《论埃及神学与哲学——伊希斯与俄赛里斯》，段映红译，北京：华夏出版社，2009年，第112页。

[17] 普罗提诺：《九章集》，石敏敏译，北京：中国社会科学出版社，2009年，第269－285页。

[18] Marsilio Ficino, *Commentary on Plato's* Symposium *on Love*, trans. Sears Jayne, Dallas: Spring Publications, 1985, pp. 115－120.

[19] 培根：《论古人的智慧》，李春长译，北京：华夏出版社，2006年，第44－46页。

[20] 培根：《论古人的智慧》，第47页。

[21] 赫丽生：《希腊宗教研究导论》，谢世坚译，桂林：广西师范大学出版社，2006年，第281－282页、第576页。

[22] 赫丽生：《希腊宗教研究导论》，第288页。

[23] 伊利亚德：《宗教思想史》，晏可佳、吴晓群、姚蓓琴译，上海：上海社会科学院出版社，2004年，第240－241页。

[24] 赫丽生：《希腊宗教研究导论》，第474、487页。

[25] 赫丽生：《希腊宗教研究导论》，第582页。

[26] 福柯：《性经验史》，佘碧平译，上海：上海人民出版社，2005年，第279－280页。

[27] 马尔库塞：《爱欲与文明》，黄勇、薛民译，上海：上海译文出版社，1987年，第154页。

五
哲学是一种什么样的爱？

"哲学是一种什么样的爱？"这个主题包含着两层含义。第一，哲学是一种爱。换句话说，爱规定了哲学的本质。第二，明确了哲学是一种爱之后，需要去说明哲学究竟是一种什么样的爱。然后，怎么通过爱这个概念来认识中国和西方思想传统的差异。

当我们说哲学是一种爱时，也就是说，哲学不是什么别的东西，而是一种爱。德国哲学家海德格尔写过一本小书，书名就叫做《什么是哲学》（*Was ist das, die Philosophie?*），其实更直白的翻译也可以是"哲学是个什么东西"。那么，哲学究竟是什么东西呢？实际上，哲学不是一个什么东西。当然，就"什么是哲学"这个问题，可以给出许许多多的答案。比如最常见的说法，我们一般称哲学是一种智慧，或者说哲学是一种生活方式，或者说哲学是一门深奥的学问，且不说哲学是一个学科门类，等等。尽管可以说哲学是一种智慧，是一种生活方式，是一门深奥学问，是一个学科门类，但无论哪一种说法，哲学的根本基础都在于它本身是一种爱。因为爱，它才能够是一种智慧；因为爱，它才是一种特有的生活方式；因为爱，它才是一门深奥的学问；因为爱，它才成为一个学科门类。

由此引发第二点思考，即哲学是一种什么样的爱。对于这一问题，可以分两个层次来说明，一是要说明它的类别，二是要涉及它的方式。

从类别上来看，在我们的生活中，存在着各种各样的爱。换句话说，爱有不同的种类、不同的类别。比如说，对某一样物品的爱，对某一个人的爱，对同乡以及同胞的爱；还有更为抽象和广泛意义上的爱，比如对民族、国家的爱，甚至还有跨越民族国家的阶级之爱。此外，还有其他的类别，比如来自本能的性爱、宗教领域中对神的圣爱、艺术领域中对艺术的热爱。在哲学中，也存在一种爱。最为典型的，也就是柏拉图意义上的爱，大概可简单归结为对"理念"的爱。

从方式上来看,爱又有着不同的方式。举个例子,我们自身思想传统中就存在着不同的爱,比如儒家的仁爱和墨家的兼爱。仁爱的基础是亲缘关系,是有差别之爱。"仁者,爱人。""孝悌也者,其为仁之本欤。"儒家所讲的"仁爱"是以家庭关系作为基础的有差别的爱。与之相反,墨家则主张无差别的爱。墨家主张天下兼相爱,其理由是圣人要想治天下,就要知道乱从哪里来。墨家认为,乱源于人与人之间的不相爱,所以需要无差别的平等之爱。

人们通常认为,哲学源于西方。如果哲学是一种爱,那么所谓西方意义上的哲学究竟是一种什么样的爱?它是哪一种类型的爱?它的体现方式又是什么?基于不同的路径,在西方思想史上,对"爱"的理解有所不同。现在翻译出版了很多著作,这里我想提及几本我所关注到的书。首先是美国学者欧文·辛格(Irving Singer)的《爱的本性》(*The Nature of Love*)。辛格从柏拉图开始,介绍了不同思想家、不同的时代、不同类型的爱的观念。辛格的书三卷,第一卷讲从柏拉图到路德的爱。[1] 和辛格的书相比较,西蒙·梅(Simon May)《爱的历史》(*Love: A History*)要更为简洁一些。梅从反思观念史的角度讨论了"爱"在整个西方包括哲学与宗教领域中观念上的变迁,从《圣经》一直讲到普鲁斯特。[2] 关于探讨"爱"之不同类型的著作,比较经典的著作是刘易斯(C. S. Lewis)的《四种爱》(*The Four Loves*)。[3] 这本书实际上讨论了四个概念,用英文来讲是 affection,friendship,love,charity。四个词语,其含义各有不同。第一种有人译作情爱,其实意思主要是指亲情之爱,第二种是友爱,第三种是爱若斯(eros)意义上的情爱,最后一种是仁爱。关于"爱"的类型的讨论,日本学者今道友信的《关于爱》也值得关注。今道友信这本书虽然很薄,但思路非常清晰。[4] 此外,还有其他几本与哲学更加相关的著作也值得关注:法兰克福学派的埃里希·弗罗姆(Erich Fromm)的《爱的艺术》(*The Art of Love*)[5],以及法国当代著名哲学学者巴迪欧(Alain Badiou)和南希(Jean-Luc Nancy),他们在其著作中也都讨论到"爱"这个概念。[6] 除此之外,针对施米特(Carl Schmitt)的论断,德里达(Jacques Derrida)探讨了"友爱"的政治学。[7]

西方思想史中的爱

西方思想史上关于"爱"最原初的理解,就是学习哲学史时一般都会碰到的概念。比如,恩培多克勒的"爱"与"斗"。恩培多克勒将这对概念看作宇宙生命的原则。在他看来,万物因爱而结为一体,然而在合二为一的同时又开始分离,进入由"争"和"憎"占上风的时代。宇宙本身是爱与斗、结合和分离相继交替的动荡、反复的舞台。爱是结合与统一的原理。这里的"爱",用的就是爱若斯(eros)这一个词,这也是柏拉图文本中常用到的。在关于柏拉图哲学的讨论中,一般称其为柏拉图之爱,或者柏拉图意义上的爱。不过,柏拉图并不把爱若斯作为宇宙生命的原则来讨论,而是把这种爱看作附身于灵魂之迷狂。这种爱是无常而有限的人对某种真正美与善的追求、对理念的追求。换句话说,作为有限的人希望能够与真正的美善结合成一体。这种对于非感觉的、纯粹的精神之美的追求与渴望,一般就叫做柏拉图意义上的爱。

回到恩培多克勒关于爱与斗的理论。恩培多克勒认为,爱作为合一的渴望,是斗的对立面。不过,这一理论自身却存在无可调和的矛盾。作为合一之爱,爱就具有明显的排他性。这就容易造成纷争、罪恶和灭亡。如果这种爱抛弃其排他性,就会丧失其于二者合一之中寻求结合的光辉。就整个思路上来讲,恩培多克勒关于爱与斗的理论存在着一定的矛盾。爱与斗不仅是对立的双方,而且爱为了合一就必须争斗。如果合一的原则限定于与特定对象和特定目标的结合——无论身体还是灵魂的结合,那么爱自身所具有的矛盾就始终无法解决。换句话说,如果爱本身具有一种排他性,那么它如何去面对第三方?这种爱如何向世界以及他者开放呢?

亚里士多德的哲学可谓在某种意义上试图克服这个矛盾。亚里士多德区分了爱欲(eros)与友爱(philia),也就是说,对爱本身进行了划分。爱是作为主宰自然万物的原则或者说作为对于理念的渴望,同时也包含了用于形容人与人之间关系的特有的爱。爱的概念在亚里士多德那里出现了裂变。亚里士多德虽然区分了爱欲与友爱,但是他依然承认爱欲为贯穿宇宙整体的生存与运动的源能量。也就是说,爱欲仍然是主宰自然万物合一的原则。不过,爱欲不是主宰人间亲密关系这种特别意义上的爱。亚里士多德将主宰人间亲密关系的这种特别的爱，命名为友爱。在《尼各马可伦理学》中，亚里士多德从三个方面解说这种爱。这三种友爱的基础分别是利益、快乐与德性。[8]有用的友爱能够带来利益，快乐的友爱能够带来快乐，德性的友爱能够促进德性。第三种友爱本身就是一种德性，以一种理性认可的价值作为前提。交往双方具有共同的德性追求和向往。基于此，亚里士多德强调，真正的友爱是建立于德性基础之上的友爱。真正的友爱本身是一种德性，是友爱的最高体现，是有德者的君子之交。这种友爱跨越了年龄，跨越了性别，跨越了能力差异，跨越了身份不同，也跨越了出身差别，等等。可以说，亚里士多德首先用德性来定义友爱。

无论是从恩培多克勒到柏拉图的爱若斯/爱欲还是亚里士多德的友爱，都必然伴随着一种排他性的身心合一与融洽，并追求相互的喜悦。这意味着，友爱也同样是一种排斥。这类被排斥的对象包括我们所厌恶的人、我们的仇敌、我们反感的人、作奸犯科的人。这些人无论如何都不是友爱的对象，也不能够被友爱所包容。如此看来，友爱这个概念同样也会产生排他的问题。人无完人，我们每个人都可能在某一方面招人厌恶，在某些方面令人反感，那么是不是这就意味着没有完美的合一状态，同样也没有理想的友爱情谊？

爱欲和友爱两个概念都表现了不同意义的排他性。从概念史的角度来看，存在两种异曲同工的克服和发展。一种概念是斯多亚学派的普世情感，另一种是基督教思想中的圣爱（agape）。斯多亚学派方面，希耶罗克勒斯（Hierocles）就是一个代表。他用圈层关系来形容人间关系的远近亲疏。圈层的核心是身心构成的自我。圈层的最外围是人性。斯多亚学派把人间情感普世化了，德性不再是区分的严格标准。从基督教角度来看，圣爱这个概念，实际上包含了爱我们可能厌恶的人。基督教思想首先把这种爱的能力看作源于上帝的圣爱，从此引申出人与人之间的相爱。根据这种概念，只要我们都是人，即便相互之间并没有什么亲情关系，也不可能放弃彼此相爱的能力。这个宗教意义上的"爱"不仅强调它的无索取性，而且还强调自我牺牲、成就他人。这种无私圣爱便与希腊哲学意义上的爱欲与友爱有了内涵上的差异和区分。

关于圣爱，《马太福音》中有一句话，叫做"日头照好人，也照歹人；降雨给义人，也给不义的人"。这种意义上的爱否定了以往一切以身体、血缘或道德为基础的爱，而是主张只要是人，无论是邻居还是仇敌，就是爱的对象。所以，这种宗教意义上的爱也是一种全新的概念。可以说，基督教意义上的爱重新把他人看作自己的兄弟姐妹，把被阶级、民族、血缘、年龄甚至是德性等标准划分的人群，又重新看作同样的人。一个人如果觉悟到彼此都是人，那么爱就有可能实现。这意味着，不是因为什么事物是可喜的、伟大的，才去爱它，而是因为爱本身就是可喜的、伟大的。这一思路使得基督教基本颠倒了过去关于爱的看法，成为思想史上的一个转折点。

不过，在历史实际中，基督教圣爱概念也为自己造就了一种区分和排斥的新标准。这种新的区分标准就是，是否信仰耶稣为基督，也就是划出了基督徒对非基督徒的排斥。在这种对立的基础上，只有基督教信仰征服世界的每一个角落，这种圣爱才能成为普世的爱。在基督教思想史上，关于爱的概念的发展，存在着不同的路径。奥古斯丁更多地强调将圣灵看作爱的原型，阿奎那则强调信仰由爱形成。不过，两者都强调，爱在整个信仰体系里起着重要的作用。

基督教思想史上爱之概念的发展，后来也有一定的反转。到了路德那里，爱与信仰之间的关系，就颠倒过来了。爱不再是信仰的根本，而是有信仰才有爱，由此区分神对于人的爱，或者神对于人的恩典，而人的爱慢慢会逐步从本能的角度来考虑。基于这一思路，帕斯卡尔在讨论爱时，会阐发出一种对立，即对于神的爱与对于自身的爱这两种爱之间的对立。依据这一理论，既然我们不能爱自身之外的东西，我们就必须爱我们自身之内的这个存在者，而我们自身之内的那个存在又不能是我们自己。因而，帕斯卡尔要论证我们有爱上帝的义务，但我们的欲念使得我们背弃上帝。这是帕斯卡尔思想中部分关于爱的概念。不过，无论路德还是帕斯卡尔，都还保留了基督徒与非基督徒之间的排斥性。

基督教之爱的排斥性同样在两个方面得到进一步拓展。一个方面，阿西西的圣方济各（San Francesco di Assisi）把基督教这种爱的概念进一步扩大化。如果说基督教把爱的概念放在人与人之间的关系来考虑的话，方济各则把这种兄弟姐妹的爱扩大到人类之外的一切造物。在他的作品中，他把太阳、云雀、麦子所有这些事物都视为爱的对象。由此，引申出了一种新的自然观念，开创了对自然万事万物的爱。这种态度影响了文艺复兴的自然态度，催生了对自然以及整个世界本身的热爱。另一个方面，十六、十七世纪的哲学对基督教信仰的反动重新引出了哲学意义上的自爱与友爱，在政治上也试图逐步消弭各种差异造成的排斥性，倡导人之为人本身的普遍性。不过，哲学对现代世界的塑造重新出现了一种新的排斥性。这种排斥性标准落在了民族国家身上：爱国主义。民族国家属性的差异取代了宗教信仰属性的差异。国家主义和国际主义之间的互斥从而成为现代世界的新矛盾。

什么是哲学意义上的爱？

在西方思想史上，存在着不同意义上的爱，对爱的理解各自不同。自哲学始，由哲学终。如此，我们不妨重新回到源头，转而讨论柏拉图所呈现的苏格拉底之爱与他的"无知之知"。苏格拉底的"无知之知"已经是西方哲学史的经典概念和知识。我主要强调，这个"无知之知"应该与"爱"的概念联系在一起来理解。从柏拉图的对话来看，他对苏格拉底有着不同的描述。无论是从《苏格拉底的申辩》[9]还是从其他的篇章来看，苏格拉底都强调自知无知的重要性。在《会饮》中，阿尔基比亚德承认，每逢面对苏格拉底，他都会感觉忽略了自己，也就是忽略了对于自己的认识。阿尔基比亚德称，除了苏格拉底，他生平从未在谁面前感到过羞愧。[10] 那么，他为什么在苏格拉底面前会感到羞愧呢？那是因为，苏格拉底不断地向他强调，他忙于各种事物而忽略了认识自己。

在《斐多》中，苏格拉底临死前对朋友们所讲的，也是强调不该疏忽对自己的认识。他说，"随你们做什么事，只要你们照管好自己"。[11] 关于对自己的认识，在《斐德若》里也有个说法，即德尔菲神庙的神谕——"认识你自己"。苏格拉底认为，一个人如果还没认识自己，就忙着研究一些跟他不相干的东西，是很可笑的。[12] 在这个意义上，苏格拉底强调，要把神话这类的问题放在一旁，一般人怎么看它们，我们就怎么看它们；苏格拉底专心致志研究的不是神话，而是自己。所谓研究自己就是研究人如何认识人本身的问题。关于人本身的认识,《苏格拉底的申辩》给予了较为详细的论述。苏格拉底揭示,人都以为自己具有智慧,但是实际上我们对自己所认为熟知的那部分并没有真正的知识。因此,当德尔菲神庙的神谕称,没有人比苏格拉底更有智慧时,苏格拉底不断地去寻找比自己更有智慧的人。就在这个不断寻求的过程中,实际上也确立了苏格拉底所说的"无知之知"的意义。

苏格拉底关于"无知之知"的定义,是经过不断对话而得出的结论。如果说苏格拉底确实是最有智慧的人,那是因为他并不自以为知道那些自己所不知道的东西。可以说,神谕的意义就在于,最有智慧的人是这样一个人:他对于最为重要的那些事情,实际上并没有真正的知识,而且他知道自己缺乏这种真正的知识。这也可以概括苏格拉底的使命:让人意识到自己始终缺乏真正的知识。当苏格拉底声称自己什么都不懂的时候,他实际上是在批评一种传统的认识概念。他的哲学方法不在于传递一种知识,而恰恰在于提问。

在《会饮》开篇,苏格拉底就提及,"我"并不是完全什么都不知道,他只是声称"我"对于任何重要的事情没有真正的知识，但是"我"唯一懂得的事情就是爱。换句话说，苏格拉底的"无知之知"实际上是由对真正知识的爱所驱动的。在这个意义上，苏格拉底的"无知之知"，其基础是一种爱。苏格拉底的对话所表现的自知无知实际上表明，一种真正的知识是不可能的。正是通过对话，苏格拉底的对话者发现自身并没有拥有其声称所具有的真正知识。因此，我们需要发现、寻求真正的知识。这种寻求本身就是爱。在这个意义上，就苏格拉底这个形象本身来说，他是一个怪怪的存在。他的这种爱即始终渴望去获得真正的知识。但是，这种真正的知识又不断在逃离我们的追求。知识和爱之间的距离就是智慧和哲学之间的距离。

  苏格拉底明确知道不可能到达他所要追寻的最终知识，但又始终没有放弃这个追求。可以说，柏拉图对话在哲学和智慧之间确立了一段几乎不可逾越的距离。正是在这个意义上，哲学通常被称为爱智慧。因此，哲学实际上被自身缺乏的智慧所规定。也就是说，这个智慧始终是一种逃离哲学的因素。这一智慧虽然是逃离哲学的因素，但在一定意义上，它又在哲学知识内部而为哲学人所渴望。或者可以说，哲学始终追寻的真正知识，就是它缺乏的知识。

关于这一点，法国学者皮埃尔·阿多（Pierre Hadot）在《古代哲学的智慧》一书中，对哲学的这种反讽进行了描述。阿多认为，所谓哲学的反讽，指的是哲人是这么一种人——也就是柏拉图所刻画的苏格拉底这种人——始终知道自己并没有真正的知识，也知道自己并不是一个真正拥有智慧的人。因此，他既不是一个智慧的人，也不是一个不智慧的人。从这个意义上来看，这种哲人的形象不可归类。[13] 在《会饮》最后，阿尔基比亚德就把苏格拉底看作一个不可归类的人，或者说，是前无古人、后无来者的这么一个人。在一定意义上，苏格拉底本身可以用爱若斯来表示，无论我们称之为原欲也好，还是称之为对真正知识不停的渴望也罢。基于此，哲人的形象或者苏格拉底的形象，甚至爱若斯的形象，可以被看作没有壁炉、没有宅地的一种存在。所谓没有壁炉、没有宅地的存在，意味着它在这个世界上是一个无家可归的存在。这也是为什么哲学并不解决任何问题，而一直提出问题。在一定程度上，提出问题就是一种质疑，是对常识、对我们自认为掌握的知识的质疑。这种精神在柏拉图另一篇对话《高尔吉亚》中，也有一个比较形象的说明。在《高尔吉亚》中，有一个智者叫卡里克勒斯，可以把他概括为绝望的知识分子。卡里克勒斯认为，哲学类似于小孩子过家家一样的游戏，尽管它有助于年轻人的成长教育。他强调，哲学基本上是年轻人的学问，是年轻人的游戏。[14] 无独有偶，在《蒂迈欧篇》中，埃及的长者称，与埃及人相比，希腊人"总是小孩"，希腊人的"心灵都是年轻的"。[15]

苏格拉底的无知之知源于对真正知识的追求。这种追求规定着哲学。真正的知识始终与哲学之间保持着一道不可逾越的鸿沟。正是对智慧的追求这样一种爱，始终在推动着哲学的发展。哲学是智慧的缺乏。这种缺乏反过来驱动对智慧的爱。将《会饮》中阿伽通颂扬爱若斯的思想与这一智慧缺乏思想进行对比，有助于加深理解这一个问题。所谓会饮，就是雅典名流的晚宴。顾名思义，会饮就是喝酒。那一晚的喝酒却具有一定的思想史意义。在这部作品中，基本围绕两个人的思想进行探讨，一个是会饮的主人翁阿伽通，另外一个是苏格拉底。主题是关于爱的不同理解。

那次会饮的主题之所以确定为爱，是因为这些人一致认为爱若斯当时没能跻身众神行列，也就没有得到足够的青睐与颂扬。于是，他们决定要去歌颂爱。可以说，这部作品是为了确立爱神的地位。提议确立爱神这一地位的强烈程度也决定了这个提议的革命力度。提议的最终目的，实际上不只是强调爱若斯是众神之一，而是要强调爱若斯作为所有神灵的首领，也就是众神之神。这个提议意味着，这次会饮要从思想上引发一次神灵体系的革命。从整个《会饮》的目的来看，就是要确立爱若斯也就是爱神成为众神之神。

《会饮》所描述的是雅典名流的聚会、喝酒。这个聚众会饮的故事里还套着另外一场会饮，也就是诸神的会饮。那场诸神会饮据苏格拉底说是第俄提玛讲述给他的，他又在此次会饮中转述。那场诸神会饮的故事讲述的是，为了庆祝阿佛洛狄忒的出生，宙斯邀请众神会饮庆祝。恰恰在诸神会饮之后，贫乏女神趁丰盈之神醉酒之际，在宙斯的花园里与其交合，从而怀上了爱若斯。因此，《会饮》中有两场会饮。一是诸神的会饮，为了庆祝女爱神阿佛洛狄忒的诞生；二是雅典名流的会饮，为了论证爱的首要地位，换句话说，要确立爱的根本重要性。这一论证基本上是由阿伽通的发言确立。很多研究对苏格拉底和阿里斯托芬的发言都很重视，对阿伽通的发言则重视不足。

阿伽通否认爱若斯或爱是现存最古老的神。他认为爱是最年轻的主神。很多研究《会饮》的学者认为阿伽通的讲话比较花哨，或者认为其整个篇章由漂亮的言辞堆砌而成。实际上，阿伽通的观点对后面苏格拉底的观点起到了很重要的铺垫作用。苏格拉底至少跟阿伽通一样，都认为爱是年轻的，而不是古老的。这与前面几篇讲辞的观点都不太一样。阿伽通的讲辞强调了爱若斯的美以及对于人类生活的重要性。在这一点上，苏格拉底与阿伽通不太一样。苏格拉底认为，爱的概念始终由"缺乏"所引导。阿伽通对爱的力量则持更为肯定的态度。将爱看作一种征服，还是视为一种否定和缺乏？这恰恰体现了悲剧诗人阿伽通和哲学家苏格拉底对爱的理解差异。

阿伽通讲辞的整体基调是认为，以前人与人之间或者诸神之间的残杀也好，残暴也罢，都发生在过去命定神所主宰的时期。残杀、囚禁等种种暴行，荷马作品中有各种典型描述。那都属于过去的时代。现今则是爱所统治的时代。自爱若斯成为众神之神后，诸神不再相互残杀、囚禁，不再施加各种暴行。阿迦通描述了由爱主宰的世界会是什么样的世界。阿伽通对于爱的这种歌颂旨在确立一个由爱主宰的时代。那会是一个相互友爱、和平共处的时代。就这一点来看，阿伽通的观念很现代。阿伽通认为，爱若斯既然是众神之神，同样也会是众人之神。阿伽通的这个观点具有相当重要的转折性意义，而不是许多评注家所认为的那样：阿伽通讲辞虽然华丽但内容空洞。与评注家们不同，我认为阿伽通的讲辞实则从总体上强调了整个会饮的核心精神：爱若斯应当取代传统的奥林波斯山诸神，成为新神灵体系中的众神之神。

整个《会饮》的根本目的在阿伽通讲辞这里首先得到明确表达：拥戴过去备受忽视的爱若斯，使之成为新一代的众神之王、众人之神。在这个意义上，苏格拉底也延续了阿伽通的思想。爱若斯是不是神人共主？当然，苏格拉底在后面的对话里会否认爱若斯是神，而是明确指出它是一个居于神人之间的精灵，即传递神与人之间信息的精灵。人与神本不往来，正是作为精灵的爱若斯，促成了人与神的沟通和交谈。实际上，这个观点看似与阿伽通的观点完全不同，但在某种程度上延伸了阿伽通的观点：在爱若斯的统治之下，诸神相互友爱、和平共处。同样，爱也能够促成人与神之间的友爱与和平共处。

爱是诸神之间和人神之间沟通交流的媒介，同时也催生了整个世界的友谊与和平。这是阿伽通整个讲话的一个突出观点。在苏格拉底那里，虽然有对这一观点的延续，但同样也有对它的否定。其否定主要表现在，阿伽通讲完之后，苏格拉底会更多地从缺乏的角度来否定他强调爱作为征服的观点，也就是作为征服整个人神体系的力量的观点。苏格拉底强调，哲学意义上的爱若斯，更多是一种缺乏，一种对于真正知识的缺乏，同时也是一种渴望。从这一点上来看，哲学家苏格拉底对于爱的否定性理解，与悲剧诗人阿伽通强调爱统治世界或者统治诸神是不同的。

爱、诧异与好奇

哲学这个词，原本意义就是"爱智慧"。一般来说，哲学或者说爱智慧又经常跟"诧异"（wonder）和"好奇"（curiosity）联系起来。苏格拉底说，爱是一种缺乏，是对真正知识的缺乏。在这个意义上，哲学也就是对真知的爱。对真知的爱，意味着真知的缺乏。这个爱本身其实就表明了一种缺乏甚至一种否定。对真知的爱，也可以说缘起于对万事万物的困惑，缘起于对万事万物何以如此的好奇。

在哲学领域，当代思想家经常倾向于肯定诧异而否定好奇。从哲学的角度看，诧异看起来要比好奇更加高级一点。诧异，通常指向令人们赞叹、惊叹、惊奇的东西；好奇，则指向流俗旨趣或猎奇兴趣的对象。与哲学角度不同，当代科学家并不沉迷于诧异与好奇之间的概念区分，他们通常就用好奇来指称自己科学探索与求知的缘起。最为重要的是，好奇被认为是科学研究的原始推动力。历届诺贝尔奖得主都会提到，科学研究的原始动力来自儿时的好奇。婴幼儿时期，我们会追问万事万物为什么如此这般。成人则对孩子的这种天真问题不以为奇。人一旦成年，似乎都不由自主地认为，儿童的问题有些天真有些不成熟。即便如此，许多科学家仍然毫不犹豫地认为自己做出科学发现背后的原动力，一在兴趣，二在好奇。好奇和兴趣常常相伴出现。爱因斯坦就视好奇为科学发现里必不可少的关键德性。他认为，好奇是人性中与生俱来、不断延续的一种天然能力。他用"神圣的"这个形容词来描述孩子心中的好奇，以此体现好奇对于科学探索的重要性。[16]因此，好奇对于个人或整体的科学研究具有重要作用，几乎是科学界的一个共识。在当代科学领域，好奇被看作是科学探索的原始驱动力。这一点与哲学家抬高诧异贬低好奇概念的倾向完全不同。对于科学家来说，好奇毫无疑义是一种德性，而且具有神圣性。

在古希腊思想中，哲学即科学，科学即哲学。科学的原初意义就是认识，是根据事物的自然本性（nature）认识事物。这种认识不同于习俗对事物的认定。比如电闪雷鸣，在希腊神话中被看作宙斯发怒的结果，哲学家则根据自然解释雷电现象。从自然角度来看，电闪雷鸣是云层碰撞产生的自然现象。从自然角度而非神话角度解释自然，需要好奇驱动，而且需要摆脱习俗。这种好奇驱动的意识，在当代科学中得到了保持。

在20世纪哲学家看来，好奇则显得并不足够。哲学家倾向于对诧异和好奇做概念上的区分。诧异更加正面，是从事哲学思考的驱动力；好奇则经常被认为是对无关紧要之新奇事物的好奇，对不平常之变化的好奇。德国哲学家雅斯贝尔斯在《大学之理念》中提到，大学的功能之一是从事能够引领社会的科学研究。这种研究与"朴素的好奇心"密切相关。雅斯贝尔斯强调好奇为求知的初心。在这一点上，雅斯贝尔斯与科学家的态度一致。只不过，科学家通常从正面强调好奇为科学发现的源头动力，哲学家则一边强调好奇作为求知的初心，一边强调好奇的不足。在雅斯贝尔斯看来，如若只触及事物表面而非真正把握事物，好奇的出现和消失都会很快，而且好奇的关注重点也会不断变化。[17]海德格尔也认为好奇只是为了看，只是贪新骛奇。这与雅斯贝尔斯的观点不谋而合。这种好奇只是流于粗浅的表面。海德格尔更加明确地对诧异与好奇进行了概念区分。海德格尔说，哲学源自诧异。哲学诧异不可与贪新骛奇的好奇混淆。[18]在这一点上，哲学家不同于科学家。哲学家在区分诧异与好奇的基础之上，强调诧异关乎平常事物的不平常，好奇则关注日常之外的超常。换句话说，诧异关注的是事物本身为什么是这样，从平常中发现不平常；好奇则是脱离平常去追求平常之外的不平常。所以，在哲学家这里，概念出现了分化。诧异也就在概念上有别于好奇。法国社会学家涂尔干在其讨论宗教生活形式的著作中也讨论了诧异。涂尔干指出，在宗教意义上，人们赋予诸神特别的力量，从而展现出美丽的、罕见的甚至是恐怖的景象，由此产生惊奇和惊异的感觉。[19]但社会学家涂尔干并没有像哲学家那样对诧异和好奇进行概念区分。

哲学家区分诧异和好奇,其中一个原因在于诧异在词源上来自古希腊语,好奇则出自拉丁语。在古希腊,诧异或者说对万事万物原因的好奇被认为是人的自然倾向。在《泰阿泰德》中,苏格拉底说,"疑讶之感原是哲学家的标志,此外,哲学别无开端。"[20]所谓"疑讶之感",也就是诧异。关于诧异作为哲学的起源,亚里士多德在《形而上学》中的说法更加详细明确。他说:"古今来人们开始哲学探索,都应起于对自然万物的惊异,他们先是惊异种种迷惑的现象,逐渐积累一点一滴的解释,对一些较重大的问题,例如日月与星的运行以及宇宙之创生,作成说明。一个有所迷惑与惊异的人,每自愧愚蠢(因此神话所编录的全是怪异,凡爱好神话的人也是爱好智慧的人);他们探索哲学只是为想脱出愚蠢,显然,他们为求知而从事学术,并无任何实用的目的。"[21]

在古希腊哲学之中,还没有诧异的不同程度或者层次之别,也没有诧异和好奇的概念区分。罗马时期有了好奇的概念。在西塞罗那里,好奇不同于古希腊的诧异,具有双重性。一方面,好奇是追求知识的必要动力;另一方面,好奇也是一种对知识的不节制的甚至过分的渴望。[22]这意味着知识或者科学本身有时候会被认为可能会危及社会,或者至少危及社会的某个方面。在基督教的体系中,好奇的负面因素变得更加明显。对奥古斯丁来说,对知识的渴望和追求开始成为负面的因素。他说,"我们的心灵中尚有另一种挂着知识学问的美名而实为玄虚的好奇欲",而这种欲望的本质就是"追求知识"。[23]虽然好奇的定义本身没有发生变化,但它被认为是一种负面的欲望。这种欲望被认为是植根于灵魂之中的诱惑形式,它乐于体验新奇事物,尤其是乐于求知本身。同时,它以知识和科学的名义进行自我掩饰。在基督教信仰体系之中,好奇显然是不恰当的。对知识的追求和对自然的探究,一旦超出信仰世界并与其产生矛盾和冲突,就会被认为是不恰当的。中世纪盛期的阿奎那认为,好奇是一种恶。好奇之恶关乎理智,也关乎感觉。虽然阿奎那并没有否定知识本身的价值,但他也强调人若沉溺于对理智知识和感觉知识的好奇,那么对信仰体系来说就是一种恶。[24]

中世纪基督教对好奇的否定,在现代哲学家那里开始反转。虽然好奇仍然保留有一定的负面因素,但是理智意义上的好奇概念逐步转为正面。霍布斯是这个反转过程中的一个典型。在《利维坦》中,霍布斯把好奇定义为对知道"如何"和知道"为何"的欲望。这种欲望是一种心灵的欲望,有别于肉体欲望。换句话说,好奇就是对原因知识的好奇,也是对原因知识的爱。[25]换句话说,好奇就是对知识的爱。在这一点上,从柏拉图到霍布斯并没有发生实质变化。但是,霍布斯明确区分了由好奇而来的两条路径。人从好奇这种激情出发,如果依据正确的方法,也就是依据理性和科学的方法,就会走向科学而获得真知;如果依据不正确的方法或者根本未使用方法,就会诉诸假设、想象与权威而确定原因,最终便倒向宗教。也就是说,好奇可以导向哲学真知,也可以导向宗教信仰。

对事物原因的无知也会埋下宗教的自然种子。[26]人的诧异和好奇源于对事情真正原因的无知,故而会诉诸奇迹的概念。霍布斯认为,对奇迹的理解具有主体差异性,是个体心灵的自由表现。一个人无法通过自然方式理解一件事情,可能是因为他在推理方面缺乏经验。同时,对霍布斯来说,如果奇迹的概念涉及公共理性与政治秩序,那么个体自由就要服从于公共理性。[27]于是,奇迹就其概念本身而言具有个人主观性,就其政治功能而言则具有政治相对性。对奇迹的正当解释权完全在于主权者。因此,如果对奇迹进行理性的溯因求索,就会寻至"永恒的第一因",即上帝概念,故此产生一种"理性神学"。如果对奇迹的探究不诉诸理性而诉诸假设、想象与权威,则产生一种"政治神学"。霍布斯的概念探索既有延续性也有断裂性。概念的延续性在于霍布斯依旧把好奇视为人天生具有的求知欲,这种欲望在正确方法的引导下最终导致理智知识;概念的断裂性在于霍布斯放弃了传统基督教价值体系中将好奇看作是一种道德恶的评判,转而积极树立好奇概念的正面意义。[28] 在当代科学领域,好奇成了一种"神圣的"德性,获得了与古希腊哲学中诧异的同等地位。或者说,好奇在当代科学领域中的地位相当于诧异在古希腊哲学中的地位。从概念本身来看,好奇定义的变化程度,没有不同时代和社会对好奇的态度变化那么大。

结　语

从苏格拉底无知之知的诧异到当代科学领域的好奇,

有一种精神一直在场。哲学就是理论沉思，其终极目的是求知。或者说，哲学探索和科学研究始于求知的好奇欲望，其目的首先不在实用而在于理解。这是哲学上的诧异概念和科学上好奇概念的共同之处。无论诧异还是好奇，无论概念怎么变化，其核心都是希望摆脱愚昧的求知欲望。这是一种对于理论的爱、对于真正知识的爱。整个西方的思想传统更多地立足于爱。这种爱可能是抽象意义上的爱，无论是理念，还是超越的神性，或者是之后的博爱概念。对这种意义上的爱的强调，使其成为整个社会发展的基础。

这种爱的精神，其实还具有一种否定意义。在《蒂迈欧篇》中，埃及长者称，希腊人"总是小孩"，希腊人的"心灵都是年轻的"。[29]马克思后来也称希腊人为"正常的儿童"。与埃及人相比，希腊人较少受到悠久传统的束缚。希腊人之中有一种存在，叫作哲学家。这类人习惯于质疑传统。这种质疑意味着，哲学家并不将善好与世代相传的东西等同起来。他们在传统之外寻找自然意义上的善好。这种寻找在本质上是提问。苏格拉底的提问更多的是提出了问题，而不是解决了问题。苏格拉底的提问的确颠覆了雅典人的传统。在这个意义上，哲学的生活方式就在于保持好奇和质疑精神。这种好奇和质疑是以自知无知作为基础的求知之爱。柏拉图的对话，基本上都会有一个主题。整个对话会围绕这个主题展开讨论，继而试图追求主题的定义。在对话的过程中提出来的种种常见定义，通常都会被不断否定。在这个不断否定的过程中，习以为常的很多观念也就被颠覆、被推翻。对话的初衷是希望寻找到某个概念的最终定义，但结果通常不仅无法得到最终答案，还会催生对种种现成答案的疑惑。每个答案都几乎在对话中被否定、颠覆、推翻，最终留下来的仍然是一个又一个"问题"。在这一点上，古希腊哲学的诧异概念与当代科学的好奇，既有相同亦有不同之处。

在西方思想史上，无论就肯定意义还是否定意义而言，爱的概念几乎不太涉及亲情和家庭。法国学者库朗热（Fustel de Coulanges）讨论古代城邦时，倒是强调了炉火和家族对于古希腊和罗马社会的根本意义。[30] 不过，与库朗热的古代社会研究不同，古代希腊哲学传统的确更多地强调哲学意义上的爱。这种爱突破血缘家族的范围。从柏拉图的思想来看，所谓理念之爱就是一种超越的爱，而不受限于任何家族、家庭、地域、阶级等等因素。

在中国的传统里，亲缘、亲爱、家和家族这些概念则始终保持着活力和地位。[31] 费孝通先生讲的差序格局，从中心往外推，从最核心也是最亲密的父母、兄弟、姊妹关系往外推，这种关系会越推越远，越来越淡。这始终是中国社会的一个格局。即便经过种种变革，我们现在不再处于农业社会，但对于亲子、亲缘、血缘和家庭关系的重视，始终是中国现代社会没有完全脱离的思想基础。中国社会，即便是到了现代，即便是经过很长一段时间的现代化，亲缘、亲族、家的概念依然占据着很重要的地位。这与我们对于家和亲的观念的坚持有着很大关系。这呈现出与西方社会结构的一个很大不同。

我倾向于认为，中国思想的传统是"亲的传统"，而西方思想的传统是"爱的传统"。立足于亲的思想传统，所构建的社会是一个差序格局，是一个由内而外的、由亲而疏的社会结构；立足于爱的思想传统，所构建的社会逐步过渡到一个所谓原子社会的结构。在原初意义上，哲学是人对于理念或者说真正知识的永恒渴望，但最终也没有拥有真正的知识。在西方思想史上，无论是古代还是现代，无论是神学传统还是哲学传统，这一点以不同的方式得到坚持。我们中国的传统走的则完全是另外一条路线，也就是建立在亲爱基础之上的社会结构。

◆————

[1] 辛格：《爱的本性（第一卷）：从柏拉图到路德》，高光杰等译，昆明：云南人民出版社，1992年。
[2] 梅：《爱的历史》，孙海玉译，北京：中国人民大学出版社，2013年。
[3] 刘易斯：《四种爱》，汪咏梅译，上海：华东师范大学出版社，2007年。
[4] 今道友信：《关于爱》，徐培、王洪波译，北京：生活·读书·新知三联书店，1987年。
[5] 弗罗姆：《爱的艺术》，李健鸣译，北京：商务印书馆，1987年。
[6] 巴迪欧：《爱的多重奏》，邓刚译，上海：华东师范大学出版社，2012年；南希：《我有一点喜欢你——关于爱》，简燕宽译，北京：新星出版社，2013年。
[7] 德里达：《〈友爱的政治学〉及其他》，胡继华译，长春：吉林人民出版社，2011年。
[8] 亚里士多德：《尼各马可伦理学》，廖申白译，北京：商务印书馆，2003年。
[9] 柏拉图：《苏格拉底的申辩》，吴飞译、疏，北京：华夏出版社，

2007年。

[10] 柏拉图:《柏拉图的〈会饮〉》，刘小枫等译，北京：华夏出版社，2003年。

[11] 柏拉图:《斐多》，杨绛译，沈阳：辽宁人民出版社，2000年，第96页。

[12] 柏拉图:《斐德若篇》，朱光潜译，北京：商务印书馆，2018年。

[13] 阿多:《古代哲学的智慧》，张宪译，上海：上海译文出版社，2012年。

[14] 施特劳斯:《修辞、政治与哲学：柏拉图〈高尔吉亚〉讲疏》，李致远译，上海：华东师范大学出版社，2017年，第234页。（参柏拉图:《高尔吉亚》，484c－d。）

[15] 柏拉图:《蒂迈欧篇》，谢文郁译，上海：上海人民出版社，2003年，22b－c。

[16] 爱因斯坦:《我的思想与观念：爱因斯坦自选集》，张卜天译，天津：天津人民出版社，2020年，第73页。

[17] 雅斯贝尔斯:《大学之理念》，邱立波译，上海：上海人民出版社，2007年，第37－38页。

[18] 海德格尔:《存在与时间》（修订译本），陈嘉映、王庆节译，北京：商务印书馆，2006年，第200－201页。

[19] 涂尔干:《宗教生活的基本形式》，渠东、汲喆译，上海：上海人民出版社，2006年，第24页。

[20] 柏拉图:《泰阿泰德》，见于《泰阿泰德　智术之师》，严群译，北京：商务印书馆，1963年，155d。

[21] 亚里士多德:《形而上学》，吴寿彭译，北京：商务印书馆，

1959年，982b12—22。

[22] Peter Harrison, "Curiosity, Forbidden Knowledge, and the Reformation of Natural Philosophy in Early Modern England", *ISIS* Vol. 92 (2001) No. 2: pp. 265—290, at pp. 266—267.

[23] 奥古斯丁:《忏悔录》，周士良译，北京：商务印书馆，1983年，第219页。

[24] St. Thomas Aquinas, *Summa Theologica*, vol. 4, translated by the fathers of English Dominican province, New York: Benziger Brothers, 1868—90 (Pt. II — II Q. 167).

[25] 霍布斯:《利维坦》，黎思复、黎廷弼译，北京：商务印书馆，1985年，第40—41页。

[26] 霍布斯:《利维坦》，第80页。

[27] 霍布斯:《利维坦》，第355页。

[28] 参陈建洪:《论霍布斯的好奇概念及其意义》，载《世界哲学》2021年第4期。

[29] 柏拉图:《蒂迈欧篇》，谢文郁译，上海：上海人民出版社，2003年，22b—c。

[30] 库朗热:《古代城邦——古希腊罗马祭祀、权利和政制研究》，谭立铸等译，上海：华东师范大学出版社，2006年。

[31] 参孙向晨:《论家：个体与亲亲》，上海：华东师范大学出版社，2019年。

后　记

苏格拉底说，惊讶或者说疑惑，是智慧的开端。这种疑惑，首先是对世界万事万物的疑惑，其实同时也是对哲学自身的疑惑。现时代的哲学人，其实都无可逃避地面对这样一个问题：哲学对我们的教育、对我们的时代、对我们的文化究竟还有什么样的意义？社会对哲学大概都有一种油然而生的疑惑。

在共和国历史的一段时间里，哲学学科曾经非常辉煌。哲学与社会如此贴近以致哲学几乎等于政治的思想指南。这种贴近，至今有人感伤，有人怀念。当社会逐步演变成经济主导的社会，人们蓦然发现哲学已经相当落寞，在社会的角落黯然神伤。无论怎么强调哲学及其起源的高贵典雅，也不能掩盖其沦落为装点当代文化的社会边缘角色。黯然的另一面是高度自觉的学术行话，神伤的另一面是刻意远离了百姓语言。这种黯然神伤的情形，无论中西社会，概莫能外。也许无论古今，亦概莫能外。其实，哲学的这种角色就是它的本己角色。根本的问题也许在于我们对哲学倾注了太多的自我迷恋，对它的社会角色赋予了过高的期待。

当然，哲学总是天然地跟思想联系在一起。一个社会的经济发展到一定的繁荣程度，终究都会呼唤思想繁荣，追求文化自信。一个没有思想的社会，终究不可持续，文化影响也无法持久。不过，思想与文化的繁荣未必就是哲学的繁荣，它可以是信仰的繁荣，可以是艺术的繁荣，也可以是学术的繁荣。这些都并不等于哲学的繁荣。就本身的特性而言，哲学不可能在社会中自然而然地繁荣生长。对于社会而言，可以忍受哲学易冷，但是难以忍受哲学过热。喜剧作家阿里斯托芬的《云》就是对哲学的一个讽刺，也是对哲学的一种警醒。作为一种生活方式，哲学始终试图超越社会习俗；作为一个凡人，哲学家则始终难逃百姓日用。哲学想要超越社会，它就自然在社会中无立锥之地。

哲学家的双脚离不开大地，他们的脑袋则始终想要超脱尘烟。哲学的超社会属性与哲学家的社会属性之间构成一种紧张。这就是哲学作为一种生活方式的社会学问题。施特劳斯称之为哲学社会学问题，也视其为政治哲学问题。换言之，政治哲学的首要意义在于哲学的政治问题，而不是政治的哲学分析。

亚里士多德说，求知是人的本性。哲学追求的是有别于流俗意见的知识，追求对宇宙本质和人生意义的真正理解。如此说来，人之为人，其根本在于追求知识，超越习俗，摆脱意见。借用卢梭的一个表达法，人类生而好求知，却无往不在意见之中。一个时代有一个时代的流俗，一个世界有一个世界的意见。到目前为止，没有任何一个时代的人类可以声称，已经掌握了关于世界、关于人生的最终知识和最后奥秘。这样的声称最终都难逃破灭的命运。当人类的确手握真知奥秘，那么世界一定已经臻于完美。那时，哲学确实就是多余的。

作为一种生活方式，哲学是一种对理论生活的热爱。这也是哲学的原本意义：爱智慧。通常，我们只强调这个原本意义的一半意思，也就是智慧。其实，对哲学来说，爱和智慧同样重要。为什么学哲学？因为我们还不够智慧。但是，并非所有不够智慧的人都乐意爱智慧。只有真正认识到自己还不够智慧的人，才会自觉意识到爱智慧的重要性。所以，哲学其实首先是一种爱。因为爱，哲学才称得上是一种智慧。哲学的典型代表苏格拉底，从来没有说自己很智慧。恰恰相反，他始终坚持自己一无所知。苏格拉底的这种无知之知，首先是一种爱和追求。一方面，哲学人不满足于对世界和人生的一般理解，因此渴求摆脱意见获得真知；另一方面，哲学追求的存在本身也说明世界和人生仍然不够完满，不然不会需要哲学。古往今来，多少有智慧的头脑都在寻找种种途径，企图去建立一个完美的世界。到目前为止，这个完美世界依然是一个遥不可及的梦想。

可以说，迄今为止，哲学仍然具有不可或缺的意义。哲学生活本身就是一种爱的表现。哲学既源于爱，也充满爱。学习哲学，学会爱，懂得爱。没有爱，生命便不可能；没有爱，哲学也不可爱。这种爱，是一种特殊的爱。它爱智慧，胜过任何其他事物。正是在这个意义上，哲学在任何社会中的边缘化，并非毫无道理。哲学的落寞不是在一个时代的落寞，而是在所有时代的落寞。或者说，它就是在所有时代里一种落寞的追求。克尔凯郭尔说，反讽构成苏格拉底的"生存本质核心"。[1]对于克尔凯郭尔来说，苏格拉底是一个否定性的存在，而且"无时无刻不是否定性的"。[2]这种根本的否定性使得苏格拉底与希腊旧有文化对立，与智术师为敌，而且更进一步"针对所有现存事物"。克尔凯郭尔认为苏格拉底并不拥有柏拉图意义上的"理念"，否则，他的摧毁性就不会如此彻底。[3]苏格拉底的反讽是"无限绝对的否定性"，"它是否定性，因为它除否定之外，一无所为"。克尔凯郭尔把苏格拉底的反讽视为"一种神圣的疯狂"。[4]这种根本的否定性，同时也是一种理想性。因否认一切现存事物的终极性，这种否定性才成其为理想性。所以，这种理想性又是一个彻底的"无"。

和黑格尔一样，克尔凯郭尔也认为苏格拉底是世界历史的一个转折点。但在反讽这一点上，克尔凯郭尔与黑格尔彻底分道扬镳。黑格尔赋予苏格拉底理念，反对反讽；克尔凯郭尔则认为黑格尔错怪了反讽，并且坚定地把反讽确定为苏格拉底的立场。关于苏格拉底的反讽，克尔凯郭尔说，"我们必须警告人们提防反讽，就像我们警告人们提防引诱者一样,但我们也必须把它当作引路人予以赞颂。恰恰在我们的时代,我们需要赞颂它"[5]。在这一点上,我们可以看到阿里斯托芬警告的反响,看到阿尔基比亚德警告的回声。克尔凯郭尔也明确指出:"作为消极的东西,反讽是道路;不是真理,而是道路。"[6] 换个角度来说,哲学一直是爱智慧,但从来不是智慧本身。作为通往智慧的道路,哲学从来没有拥有过智慧。

这个集子希望能够有助于至少说明三个问题。其一,哲学追求与社会意见之间的紧张构成政治哲学的核心问题。哲学的超社会追求与哲学家的社会存在之间的矛盾不可克服。脱离开这个矛盾,哲学要么面目苍白,要么魅影重重。其二,作为对智慧的爱,哲学首先是一种爱。哲学追求首先是一种孤独的爱,而不是一种高不可攀的智慧。如果哲学可以是一种智慧,那也是因为这种特别的爱。在克尔凯郭尔看来,这种爱也是对现存事物的一个根本否定。因为这种否定之爱,哲学也就不是人畜无害,也就具有一定的危险性。其三,世人都知道一个寻常的道理,过度的爱通常是一种伤害。反过来看,彻底溺于意见,社会也同样没有希望。忽视常识的哲学是危险的,溺于常识的社会也是危险的。具有政治意识的哲学，才防止哲学的危险；具有哲学意识的政治，才抑制政治的傲慢。爱而有度、不伤于溺，这是哲学社会学的主旨，也是政治哲学的真意。

◆————————

[1] 克尔凯郭尔:《论反讽概念:以苏格拉底为主线》，汤晨溪译，北京:中国社会科学出版社，2005年，第6、100页。
[2] 克尔凯郭尔:《论反讽概念:以苏格拉底为主线》，第178－179页。
[3] 克尔凯郭尔:《论反讽概念:以苏格拉底为主线》，第183页。
[4] 克尔凯郭尔:《论反讽概念:以苏格拉底为主线》，第225页。
[5] 克尔凯郭尔:《论反讽概念:以苏格拉底为主线》，第284页。
[6] 克尔凯郭尔:《论反讽概念:以苏格拉底为主线》，第284页。